Die Kunst des Mosaiks

Neue Ideen für Wände,
Böden und Accessoires

CAROLINE SUTER
CELIA GREGORY
Fotografien von Polly Eltes

Callwey

Die Originalausgabe erschien 2001
unter dem Titel "the art of mosaic"
im Verlag Anness Publishing Limited,
Hermes House, 88-89 Blickfriars Road,
GB-London SW1 8HA

© der Originalausgabe 2001
Anness Publishing Ltd.
© der deutschen Ausgabe 2002
Verlag Georg D. W. Callwey GmbH & Co. KG,
Streitfeldstraße 35, D-81673 München

Übersetzung aus dem Englischen
von Frank-Michael Kiesgen, München

www.callwey.de
E-Mail: buch@callwey.de

Die Deutsche Bibliothek
– CIP-Einheitsaufnahme
Ein Titeldatensatz für diese Publikation
ist bei der Deutschen Bibliothek erhältlich.

ISBN 3-7667-1529-1

Verlegerin: Joanna Lorenz
Herausgeber: Judith Simons und
Doreen Palamartschuk
Design: Clare Reynolds und Lisa Tai
Fotografie: Polly Eltes
Assistenz: Penny Cottee
und Ian Tatton
Stylistin: Abigail Aherne
Register: Helen Snaith
Produktion: Claire Rae
Umschlaggestaltung: Callwey Verlag,
unter Verwendung von Abbildungen
der Seiten 19, 74, 101, 102, 122, 135
Satz: Edith Mocker, Eichenau
Printed in Singapore 2002

Inhalt

Einführung

Oben *Alchemie:* Ein runder Spiegel, Durchmesser 40 cm, gefertigt von Claire Stewart aus Industriemosaik, blattgoldbelegten *tesserae* und Acrylperlen.

Gegenüber *Fish & Chips:* Eine Arbeit von Norma Vondee aus Glas, Gold, Porzellan, Keramik, Chromdraht und altem venezianischen Glas.

Mosaiken anzufertigen und dabei schöne Gegenstände für Haus und Garten zu schaffen, ist eine ungemein schöpferische Tätigkeit, die viel Freude bereitet. Schon die Materialien selbst sind in Farbe, Oberflächenbeschaffenheit und Lichtdurchlässigkeit so erlesen wie verschiedenartig. Es macht einfach Spaß, sie in die Hand zu nehmen. Mit Mosaiken setzen Sie dauerhaft leuchtende Farbtupfer im Wohn- oder Gartenbereich Ihres Hauses oder gestalten wahrhaft einzigartige Geschenke für Freunde oder die Familie, denn keine zwei Mosaiken auf der Welt sind gleich, und stammten sie auch von derselben Person. Ein jedes zeugt von der Fantasie seines Schöpfers und hat seinen eigenen Charakter und Stil.

Viele verschiedene Kulturen auf der ganzen Welt haben im Laufe der Zeit die Kunst des Mosaiks geübt, und so gibt es mannigfache Quellen, aus denen sich Anregungen gewinnen lassen. Im Folgenden erfahren Sie einiges zu Hintergrund und Geschichte des Mosaiks sowie zu den unterschiedlichen Stilrichtungen, zu denen es sich entwickelt hat. Die wesentlichen Punkte, die es bei der Planung Ihrer eigenen Mosaiken zu beachten gilt, werden ebenso aufgezeigt wie die Techniken, die Ihnen den Weg zum Erfolg garantieren. Auch wird eine Anzahl von Projekten für Haus und Garten vorgeführt.

Was das Mosaik unter anderem auszeichnet, ist seine Vielseitigkeit: Sie können aus zahlreichen Stilvorgaben auswählen. Sie arbeiten innerhalb eines bestimmten Genres oder verschmelzen Elemente aus unterschiedlichen Stilrichtungen zu einem Entwurf nach Ihren eigenen Vorstellungen. Das Entwerfen eines Mosaiks bedeutet Herausforderung und Vergnügen zugleich.

Über die Kombination von Farben und Materialien entscheiden allein Sie selbst. Sie können sie Ihrem eigenen Stil gemäß zusammenstellen und sich dabei von herkömmlichen Verfahrensweisen leiten lassen, oder sich etwas vollkommen Neues ausdenken.

Eine Fülle von Materialien steht zu Ihrer Verfügung, von schlichtesten Kieselsteinen bis zu Smalten, Marmor, Glas, Perlen, Keramikfliesen und Spiegelglas. Aus diesen Materialien lassen sich Muster bilden, die einfach oder komplex sind, die eine geometrische Einfassung, eine üppig ausgearbeitete Landschaft oder eine Menschenbeziehungsweise Tiergruppe bilden können.

Bevor Sie praktisch loslegen, sollten Sie sich über einige grundsätzliche Dinge klar werden, etwa über den Standort Ihres Mosaiks oder über die Frage, ob es wasserabweisend sein muss, um seinen vorgesehenen Zweck zu erfüllen.

Jede waagerechte oder senkrechte Fläche lässt sich mit Hilfe eines Mosaiks verschönern. Im Haus wie im Freien verleihen die intensiven Farben der Mosaiksteinchen den Wänden, Decken, Fußböden oder Gartenbänken einen besonderen visuellen Reiz, sei es in Form eines schlichten rechteckigen Paneels mit Streifen oder

„Keine zwei Mosaiken auf der Welt sind identisch"

Karos, eines naturalistischen oder abstrakten Porträts oder einer dreidimensionalen Skulptur. Mosaik eignet sich für kleine Schmuck-Objekte (etwa eine Brosche) ebenso wie für eine lebensgroße Figur, den Fußboden oder eine die gesamte Wand bedeckende Gestaltung.

Das Mosaiklegen oder Mosaizieren ist eine fesselnde und erfüllende Tätigkeit, da man den Arbeitsprozess vom Beginn bis zum Ende, vom Entwurf bis zum Verfugen kontrollieren kann. Konzentration ist unabdingbar, dennoch werden Sie die mit der Ausführung Ihres ganz persönlichen Mosaiks verbrachte Zeit als entspannend empfinden.

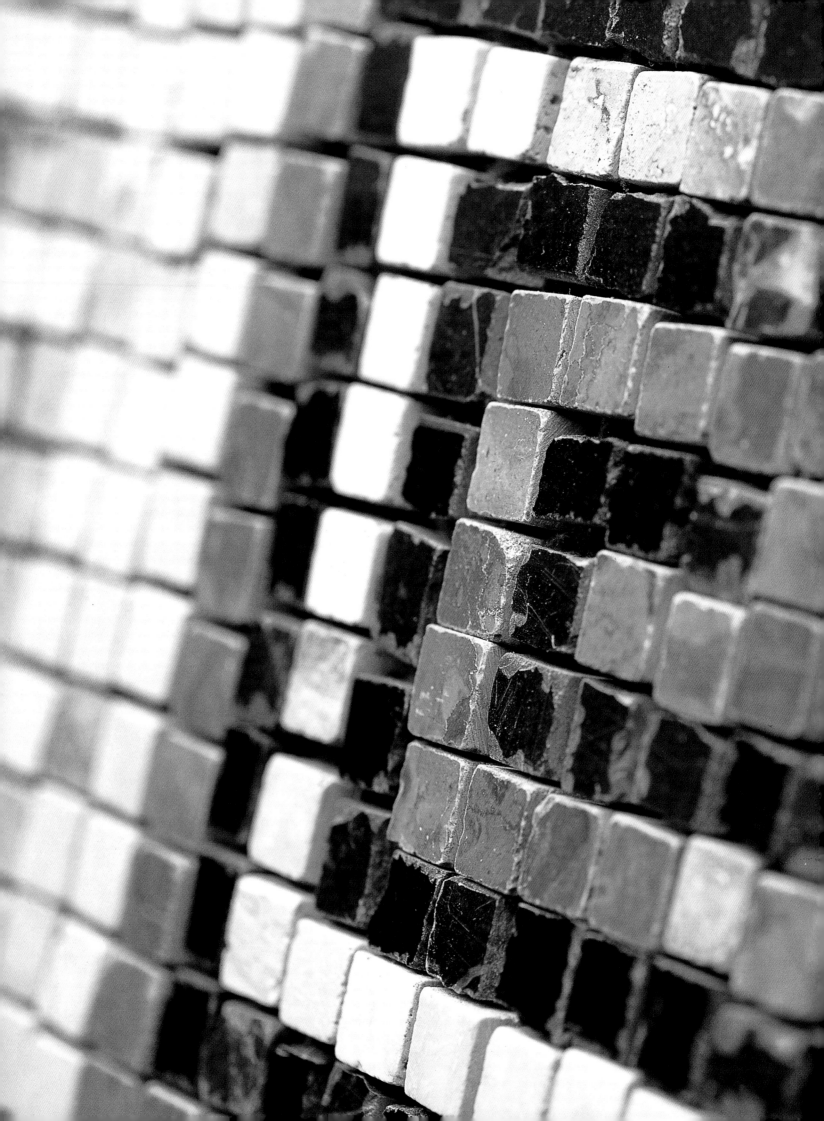

Das Mosaik in der Geschichte

Das klassische Mosaik

Mosaiken sind eine uralte geschichtsträchtige Kunstform. Seit Tausenden von Jahren haben Menschen Mosaiken geschaffen. Die ältesten uns bekannten, die sumerischen aus dem Nahen Osten, bestehen aus naturbelassenen und farbigen Tonkegeln, welche in feuchte Erde oder Schlamm gesteckt wurden und dann, nachdem diese getrocknet waren, fest saßen. Auch von den alten Griechen kennt man Mosaiken: Kieselstein-Mosaiken aus Pella in Mazedonien zum Beispiel stammen aus dem 4. Jahrhundert v. Chr. Die ältesten, den meisten von uns bekannten Mosaiken sind jedoch vermutlich jene aus der Römerzeit.

Unten links *Der Triumph Neptuns:* Ein typisches gegenständliches römisches Mosaik mit mythologischer Szene, gerahmt, in Sousse, Tunesien.

Unten rechts *Die Liebenden:* Ein detailliertes römisches Mosaik mit reich stilisierten Mustern in Piazza Armerina auf Sizilien.

Die Römer haben das Mosaikhandwerk von den Griechen ererbt, es jedoch über das bloße Verarbeiten von Kieseln oder Steinstückchen hinaus entwickelt. Sie ersannen eigens für diesen Zweck Minifliesen aus Naturstein oder Glas („*tesserae*" genannt), die bis zum heutigen Tag die Grundlage des Mosaiks bilden. Diese Fliesen wurden im ganzen Vorderen Orient in einem (nach heutigen Maßstäben) bescheidenen Spektrum von Erd- und Naturfarben hergestellt. Mit ihnen schufen die römischen Kunsthandwerker Bildnisse von Vögeln, Tieren, Fabelwesen, Göttern und Göttinnen, jagenden Männern – sogar von Mädchen in Bikinis.

Mit der Ausbreitung des Römischen Reiches kam diese Kunst auch in andere Länder. Rund ums Mittelmeer und darüber hinaus wurden Bauwerke mit Mosaiken verziert; sie gelangten bis in den heutigen Irak, über Ägypten und Nordafrika zurück nach Italien und Sizilien.

Wände und Böden

Klassischer Stil im Mosaik bezieht sich im Allgemeinen auf das, was in Landhäusern sowie städtischen Bauwerken

des antiken Rom und des Römischen Reiches noch zu sehen ist. Die Überreste, die Sie vielleicht besichtigt haben, mögen Ihnen wie Ansammlungen von ausgebleichten Kieseln und Steinen vorgekommen sein; gleichwohl waren die römischen Mosaiken im Originalzustand farbenprächtig. Häuser, zumindest die von wohlhabenden Leuten wie Händlern und Geschäftsleuten, waren an Wänden und auf Fußböden so üppig dekoriert wie der Besitzer es sich leisten konnte, zumal in jenen Räumen, wo Besucher empfangen und bewirtet wurden. Fußböden waren mit Mosaik, Wände mit Fresken verziert; dass mehr Mosaiken als Fresken erhalten sind, liegt daran, dass die Trümmer der eingestürzten Häuser dem Boden in manchen Fällen als Schutzschicht dienten.

Gegenständliche Mosaiken

Klassische Mosaiken präsentieren ihr Thema auf naturalistische Weise, etwa wie ein Foto; Ziel ist es, eine Vorlage so wiederzugeben, wie sie tatsächlich aussieht. Es begegnen uns also Römer und Römerinnen als Abbilder von Menschen, die wirklich gelebt haben, ebenso Hunde, Katzen, Mäuse, Vögel und viele andere Tiere. Es gibt Szenen im häuslichen, aber auch im größeren Rahmen: Mosaiken zeigen Menschen beim Essen und Trinken, Fische, die zubereitet sowie Trauben, die zu Wein werden.

Viele römische Mosaiken stellen das öffentliche Leben dar: disputierende Philosophen, Schauspieler, die sich auf ihren Auftritt vorbereiten, Soldaten in der Schlacht, auf dem Meer kreuzende Schiffe. Sie erzählen Geschichten über das damalige Leben und führen die Wunder der römischen Welt vor Augen: exotische nordafrikanische Landschaften mit ihrer Flora und Fauna zum

Beispiel, die dem Römischen Reich ungeahnten neuen Gewinn brachten.

Häufig werden Gestalten aus der Mythologie wie Neptun, der Meeresgott, dargestellt, zumal in Hafengegenden wie in Ostia bei Rom. Ein typisches römisches Mosaik erscheint uns beinahe wie ein herkömmliches Gemälde mit zentralem Mittelmotiv, das von einem Rahmen umgeben ist. Dieser stellt sich häufig als

Oben Darstellungen von Neptun und Wassergeistern im Hafen von Ostia Antica. Mythologische Gestalten der See und Meereslebewesen sind gängige klassische Themen.

hochdekorative Einfassung dar, versehen mit einer Reihe von Mustern wie Schnörkeln, Mäandern, Wellen, würfelförmigen Gebilden oder einer Kombination aus mehreren dieser Formen.

Byzantinisches Mosaik

Die Kunst, und im Besonderen das Mosaik, erlebte zwischen dem 5. und 13. Jahrhundert eine Blüte, als Byzanz (später nach seinem Gründer Kaiser Konstantin in Konstantinopel zurückbenannt, das heutige Istanbul) Mittelpunkt der christlichen Welt war. Während die heute noch erhaltene römische Kunst sowohl weltliche wie geistliche Inhalte hat, drückt sich die auf uns gekommene byzantinische Kunst nahezu ausschließlich in religiösen Gehalten aus, was sich auch in den Mosaiken aus jener Zeit manifestiert.

Byzantinische Mosaiken sind so schön wie Ehrfurcht gebietend. In einer geschichtlichen Periode voller Turbulenzen, da die Gefahr, von feindlichen Horden bedrängt zu werden, allgegenwärtig war, gingen von der Kunst Signale der Stärke und Macht aus. Ihre Formstrenge, Pracht und Großartigkeit machen auf uns den nachhaltigsten Eindruck.

Die dargestellten Wesen sind größtenteils Göttergestalten. Als solche sollen sie kraft ihrer Vollkommenheit Ehrfurcht einflößen (und nicht etwa Liebe erwecken). Unbewegt, ja irgendwie entrückt, lassen sie den menschlichen Betrachter wie einen Zwerg erscheinen. Feierlich und förmlich wirken sie, steif und unnachgiebig, die Hände vollführen ein kleines Repertoire an symbolischen Gesten, sind erhoben oder ausgestreckt.

Der Herrlichkeit Gottes hatten die besten Materialien zu dienen, weshalb die byzantinische Kunst verschwenderischen Gebrauch von satten, reinen Farben macht, hauptsächlich Rot, Blau und Grün und vor allem Gold. Nahezu alle Oberflächen innerhalb einer Kirche oder Basilika sind mit Mosaiken bedeckt – nicht nur Decken und Wände, sondern auch Kuppeln und Apsiden. Flackerndes Kerzenlicht sorgt zumal auf gewölbten Flächen für dramatische Effekte, aber selbst gedämpftes elektrisches Licht mindert diesen Glanz nicht wesentlich.

Intimität will sich angesichts des Ausmaßes an dekorierten Flächen nicht einstellen; wir können aber daraus Lehren für die Mosaikarbeit im eigenen Heim ziehen: treffsichere Effekte durch stilisierte Einfachheit sowie funkelnde Farb- und Metallfelder.

Rechts Jungfrau Maria und Christus in der Kathedrale Santa Maria Assunta in Torcello. Formalisierte Posen in Anlehnung an Ikonen sowie ein ausgiebiger Gebrauch von satten Farben wie Blau und Gold sind charakteristisch für die byzantinische Kunst.

Gegenüber Kunstvolle byzantinische Architektur, zur Gänze mit detaillierten Mosaiken bedeckt, in der Kirche La Martorana in Palermo auf Sizilien. Die Wirkung ist überwältigend und Ehrfurcht gebietend.

Das Mosaik im Islam

Die fließende Schönheit der islamischen Mosaiken unterscheidet diese von denen anderer Kulturkreise. Ein wichtiges Element sind elegante kalligrafische Formen sowie geometrische oder von der Pflanzenwelt inspirierte Muster, die so miteinander verbunden sind, dass sich der Eindruck von unendlicher Wiederholung einstellt. Das Fließende und immer Wiederkehrende der Mosaikformen wirkt so geschmack- wie eindrucksvoll und zielt darauf, den Betrachter über das Ewige nachsinnen zu lassen.

Der offensichtlichste Gegensatz zu westlichen Traditionen besteht darin, dass die religiöse islamische Kunst die Darstellung von Gesicht oder Figur des Menschen verbietet, wenngleich diese in der weltlichen oder höfischen Kunst durchaus in Erscheinung treten. Statt dessen weist die Ornamentik an öffentlichen Plätzen, zumal in der religiösen Kunst, komplizierte geometrische Muster oder als Arabesken bekannte pflanzliche Muster auf. Diese kunstvoll ineinander verschlungenen Dekore tauchen in allen möglichen Farben auf, von sattem Rot und Blau bis zu zarten Erdtönen wie Safran, warmem Gelb, Braun und Grün.

Themen and Motive

Die Formensprache ist im Allgemeinen sehr stilisiert, das heißt eine Wiedergabe einer Pflanze im Mosaik versucht, deren Wesen zu erfassen und daraus ein kompliziertes Muster zu gewinnen. Spiralen, Sterne, Blätter und Weinreben, Gitter und fächerförmige Bögen an Fensterläden wie Wandschirmen – all diese für die islamische Kultur so typischen Formen lassen sich gut in Mosaik umsetzen.

Ebenso wichtig wie Malerei und Bildhauerei waren im Islam die dekorativen Künste wie illuminierte Handschriften, Glas-, Stoff- und Keramikarbeiten. Reich verziert waren nicht nur die Stücke für besondere Anlässe; wir kennen sehr aufwändig dekorierte für den Alltagsgebrauch wie etwa glasierte Keramikfliesen. Bemerkenswert ist die Beständigkeit der islamischen künstlerischen Traditionen: So kann Kunst aus dem 10. Jahrhundert durchaus wie erst vor kurzem geschaffen aussehen. Bei allen lokalen Unterschieden bewahrt die islamische Kunst, ob aus dem Nahen Osten, dem maurischen Spanien oder Nordafrika, doch eine starke kulturelle Identität.

Oben Kalligrafie, Arabesken sowie fließende, stilisierte Pflanzenformen schmücken diese mit Mosaik bedeckte Moschee in Dubai.

Rechts Reich dekorierter Bauteil mit aufwändiger Mosaikarbeit am Felsendom in Jerusalem.

Das Mosaik Lateinamerikas

Die Kulturen der Azteken, Inkas, Mayas und anderer alter Völker Zentral-
und Südamerikas haben schöne Mosaiken hervorgebracht, die aber nach der
Ankunft der Europäer im späten 15. Jahrhundert fast alle verloren gegangen
sind. Die Eroberer fanden in Mexiko blendend schöne Mosaiken vor, wie auf
Masken, die als Herrschaftssymbole getragen wurden, und auf aztekischem
Mosaik-Kopfschmuck. Heute gibt es viele Entsprechungen bei modernen
mexikanischen Mosaiken.

Die reich verzierten Relikte der Azteken
sind mit Gold, Perlmutt, Muscheln und
Edelsteinen, aber auch mit winzigen farbigen Mosaiksteinchen *(tesserae)* überzogen. Die wenigen erhaltenen Stücke
der präkolumbianischen Kunst lassen
auf Zivilisationen schließen, die in gewaltigen Größenordnungen dachten.
Behauene Steine oder Monumente zeigen riesige zeremonielle menschliche
Figuren mit kunstvollem Kopfschmuck,
umgeben von mythischen Wesen, Unge-
heuern und vielerlei Emblemen. Dieser
große Maßstab setzt sich bis in die modernen Wandmosaiken fort.

Oben Aztekische
mythologische
Schlange, dekoriert
mit Türkisen, einem
hoch geschätzten
Material.

Rechts Komödiant
auf einem Mosaik
zur Geschichte des
mexikanischen
Theaters im Teatro
Insurgentes, Mexiko,
geschaffen von
Diego Rivera, 1953.

Farben und Gestaltung

Die Arbeiten der Azteken und Mayas
sind kompliziert und kühn im Entwurf
und tragen die Farben der am häufigsten
verwendeten Materialien: Obsidian-
Schwarz, Blattgold und Türkis, manchmal unter Beigabe von sattem, erdigem
Rot, Hellgrün oder Ocker.
Die Erde war reich an Mineralien: Gold,
Obsidian, Jade und Türkis wurden
in Schmuck und Masken eingearbeitet.
Auch in den Mosaiken, die die Gotthei-
ten darstellenden Masken bedeckten,
fanden solche Materialien Verwendung.
Gestalten mit maskenähnlichen Gesich-
tern und andere Figuren der präkolumbianischen Kunst wie fantastische
Vogelmenschen, stilisierte Tiere und
geometrische Formen lassen sich auch in
den farbenfrohen modernen Mosaiken
wiederfinden.

Art nouveau und Gaudí

Die außerordentliche künstlerische Bewegung des Art nouveau hatte ihre Blütezeit im späten 19. und frühen 2o. Jahrhundert in ganz Europa sowie in Nord- und Südamerika und wirkte bis nach Russland hinein. Die Mosaik-kunst, die zeitweise in der Gunst des Publikums gesunken war, fand nun wieder Beachtung. In dieser Zeit entwickelte Antoni Gaudí seinen einzig-artigen Mosaikstil, wie er sich an vielen Bauwerken Barcelonas manifestiert.

Art nouveau wurzelt in einer Vielzahl stilistischer Bewegungen wie dem Roko-ko des mittleren 18. Jahrhunderts, der Arts-and-Crafts-Bewegung, dem Ästhe-tizismus sowie der Begeisterung für alles Japanische, die Europa in den 1870er und 1880er Jahren ergriffen hatte. Auch in der Abneigung gegen die Mechani-sierung des Lebens liegen seine Ursprün-ge. Populär konnte der Art nouveau aber erst werden, als durch ihn inspirierte Möbel, Stoffe, Tapeten, Keramik- und Metallarbeiten in Massen produziert und damit für den Durchschnittsmen-schen erschwinglich wurden.

Themen und Motive des Art nouveau

Antrieb der Bewegung war das Verlan-gen, von den geraden Linien und rechten Winkeln der von Maschinen hergestell-ten Gegenstände wegzukommen. Statt dessen suchten die Künstler die sanften Biegungen der Naturformen wiederzu-geben, der sich rankenden Pflanzen oder die Umrisse des menschlichen Körpers. Art-nouveau-Muster finden sich auf er-lesenen Schmuckstücken, Stühlen und Tischen und vielem mehr.

In Städten wie Prag und Wien ver-laufen Art-nouveau-Muster über ganze

Links Mosaikbelegte Stufen, Balustraden und Bänke begleiten den eindrucksvollen Eingang zu Gaudís Park Güell in Barcelona.

Selbst hier oben, wohin der Blick kaum reicht, frönte Gaudí seiner Mosaik-Leidenschaft, indem er jede Krümmung, jeden Kamin, die Kreuzblumen und die Spitze der noch unvollendeten Sagrada-Familia-Kirche mit surrealen, im Licht schimmernden Landschaften belegte.

Links Organische Formen sowie Mosaikwände und -dächer charakterisieren Gaudís Architektur der Casa Battló, 1904–1906, in Barcelona.

Unten Mosaik von Louis Comfort Tiffany mit Papageien aus farbigem Überfangglas.

Gebäude, Fenster, Balkone und Treppengeländer. Häufig fand der Stil auch zum Mosaik. In Belgien nutzte Victor Horta dieses Medium zur Verzierung vieler Gebäudefassaden.

Bei den Künstlern, die sich dieser Bewegung verschrieben, treten zwei mit ihren einzigartigen Schöpfungen hervor. In der New Yorker Werkstatt von Louis Comfort Tiffany entstand eine Fülle blendend schöner künstlerischer Objekte, darunter die bekannten Lampen sowie einige Mosaiken für wohlhabende Kunden. Oft sind sie aus schimmerndem Perlmutt und durchscheinendem Glas gefertigt. Dieses kann mit Blattgold oder anderem Metall hinterlegt sein, um das Licht zu reflektieren. Tiffany versah sowohl größere Flächen als auch kleinere Gegenstände wie Tabletts, Schreibtischgarnituren oder die Füße seiner berühmten Lampen mit Mosaik.

Antoni Gaudí

Der Architekt Antoni Gaudí (1852 bis 1926) arbeitete in Katalonien am Ende des 19. Jahrhunderts in einem in Spanien als *modernista* bekannten Stil. Exzentriker und Einsiedler, der er war, schuf er einige der außergewöhnlichsten Bauwerke jener Zeit. Noch heute schmückt sich die Stadt Barcelona mit seinen Werken. Maurische mit zeitgenössischen Einflüssen verschmelzend, machte Gaudí verschwenderisch Gebrauch von Mosaiken. Wie schlangenartige Gestalten winden sich die Bänke in seinem Park Güell, versehen mit maurisch inspirierten Mosaiken, zumeist aus Bruchkeramik in klassisch blau-weißer Zeichnung.

Ganze Gebäude lässt er organisch aus dem Sraßenpflaster herauswachsen. Beispielhaft dafür ist die Casa Battló; ihre Fassade ist mit Mosaik verziert, dessen Farben an Fischschuppen denken lassen. Kein anderer hat solche Dachlinien entworfen wie Gaudí; sie heben und senken sich wie Meereswellen (und sollen ihrem fantastischen Aussehen zum Trotz doch praktisch sein, da Regenwasser leicht ablaufen kann).

Zeitgenössische Mosaiken

Moderne Mosaizisten bereichern die Mosaikkunst durch Arbeiten in den unterschiedlichsten Stilrichtungen ganz ungemein. Die einen orientieren sich an traditionellen Einflüssen und Methoden, andere wagen sich an neue Formate, Gestalten und Materialien. In Italien findet das Mosaik immer wieder zu kraftvollem Ausdruck. Das Land ist weiterhin der Hauptproduzent von Smalten, edlen Glas-Mosaiksteinen, und in Ravenna, das in byzantinischer Zeit Zentrum des Handwerks war, gedeiht und blüht zumindest noch eine große Werkstatt.

Unten links Fantastische Figur im Tarot-Garten in der Toskana, eine Arbeit der Mosaikkünstlerin Niki de Saint Phalle.

Unten rechts Gitarre in leuchtenden Farben von der Künstlerin Elizabeth De'Ath.

Es ist erstaunlich, auf wie vielen verschiedenen Objekten im häuslichen oder öffentlichen Raum sich heute wieder Mosaik findet. An so unterschiedlichen Orten wie Bahnhöfen, Schwimmbädern, Bars und Einkaufsstraßen, und im eigenen Heim und Garten erweist es sich als strapazierfähiges Gestaltungselement.

Mosaikkünstler der ganzen Welt beziehen Anregungen aus der Natur, den Tier- und Pflanzenformen ebenso wie aus den sich wiederholenden oder geometrischen Mustern, die für die römische, keltische und kubistische Kunst so typisch sind. Auch die Kunst des 2o. Jahrhunderts, wie die von Picasso und Matisse, hat die Arbeit vieler Mosaizisten beeinflusst. Einige gehen mit herkömmlichen Materialien neue Wege, andere arbeiten mit eher ungewöhnlichen Materialien und Texturen.

In der Größe variieren die Arbeiten von kleinen tragbaren Paneelen und Accessoires bis zu Innenhofflächen, großen Boden- und Mauerflächen sowie gewaltigen Skulpturen. Beispielhaft für ein riesiges Format sei die Arbeit der französischen Künstlerin Niki de Saint Phalle (geb. 1930) genannt. Sie schuf in den Jahren 1979 bis 1996 den fabelhaften Tarot-Garten in Garavicchio in der Toskana, wo Mosaik und Skulptur in fantastischen Figuren zusammenfinden. Sie verwendete Fliesen in leuchtenden Farben, Glas und Spiegelglas. Skulpturale Mosaiken sind bei jungen Künstlern derzeit sehr beliebt, aber auch an Arbeiten auf Paneelen und Wänden herrscht kein Mangel.

Gegenüber Pyramiden-Skulptur – basierend auf einer Grundform aus Hühnerdraht und Zement – von Celia Gregory. Das Mosaik besteht aus kleinen rechteckigen Stücken Spiegel- und Buntglas.

Mosaikmaterialien

Marmor, Smalten und Blattgold

Mosaik ist eine flexible Kunstform, die der persönlichen Kreativität viel Raum lässt. Abgesehen von den enormen Gestaltungsmöglichkeiten begeistern die Materialien durch ihre Vielfalt an Farben und Texturen. Da Mosaik immer beliebter wird, wächst auch die Auswahl an Materialien und Farbpaletten mit unterschiedlichen Tönen und Schattierungen.

Oben links und Mitte Marmor ist entweder in Plattenform oder als fertige Würfel erhältlich. Das von Maschinen in regelmäßige Quadrate geschnittene und auf Netz oder Papierunterlage angebotene Mosaik eignet sich besonders zum effektiven Verlegen großer Flächen.

Oben rechts Smalten gibt es seit über 2000 Jahren. Sie sind opak und können Ihrer Arbeit wunderbare Textur geben.

Jedes Mosaikmaterial verfügt über Eigenschaften, die Einfluss auf Farbe, Stil, Aussehen und Textur des fertigen Stückes haben. Sie können sich bei Ihrer Arbeit für ein Medium entscheiden oder im Interesse von Struktur und Variationsbreite Materialien mischen.

Marmor

Marmor ist ein Naturmaterial, das schon in griechisch-römischer Zeit verarbeitet wurde und noch für die luxuriöse Anmutung der modernen italienischen Mosaiken verantwortlich ist. Die Farben sind gedämpft, im Ton fein abgestuft: Weiß, kalkiges Pink und Rosa bis zu zartem Grün, Blau und Schwarz. Geschnittener Marmor erscheint kristallin;

seine Körnigkeit unterscheidet sich je nach Herkunftsort. Durch Polieren lassen sich seine Farben intensivieren.

Marmor ist ein hartes und dauerhaftes Material, das sich hervorragend für die Verwendung auf Fußböden eignet. Für den Mosaikgebrauch wird er gewöhnlich mit Hilfe von Hammer und Umschlageisen von Stangen gebrochen. Das Material ist teuer und findet deshalb nur in Mosaiken von ausgesuchter Qualität Verwendung.

Im Handel wird Marmor in Form von maschinell geschnittenen Würfeln angeboten; es wird auf einem Trägerpapier geliefert, das sich mit Hilfe von Wasser entfernen lässt. Große Flächen lassen sich so ohne großen finanziellen Auf-

wand leicht und schnell verlegen, wenngleich das Besondere eines ganz von Hand gefertigten Mosaiks damit verloren ist. Marmor ist ein erlesenes Material; er steht für reine Schönheit und natürliche Eleganz. Wie kein anderer Werkstoff hat er Tiefe, die die Zeiten überdauert.

Smalten

Die traditionell in Italien hergestellten Smalten bestehen aus opakem Glas und sind in großer Farbenvielfalt erhältlich. Jede runde, *pizza* (Plural *pizze*) genannte Platte ist aus flüssigem Glas gefertigt, das mit Oxiden, Metall und pulverisiertem Marmor gebrannt wurde. Da sie individuell gefertigt wird, schwanken Dicke, Farbe und Größe jeweils leicht. Nach einem kontrollierten Abkühlungsprozess werden diese Platten zu *tesserae* geschnitten. *Smalti filati* sind Fäden aus Smaltenglas, die in Mikromosaiken Verwendung finden.

Charakteristisch für Smaltenarbeiten ist eine leichte Unebenheit, die eine bril-

lant-reflektierende Oberfläche ergibt. Dies bedeutet aber auch, dass Smaltenmosaiken häufig unverfugt bleiben und nicht für Fußböden taugen. Smalten gibt es in einer großartigen Farbenvielfalt; jedwede Unregelmäßigkeit bringt Charakter.

Blattgold

Goldfliesen (als Plättchen 10 x 10 cm oder *tesserae* 1 x 1 und 2 x 2 cm) sind für den Mosaizisten das prachtvollste im Handel erhältliche Material. Sie sind teuer, aber an Reflexionsvermögen kommt

Oben Steinchen in Glasgefäßen bieten einen prächtigen Anblick und klare Übersicht.

Links Eine Auswahl von Mosaiksteinchen mit Blattgold und -silber, funkelnd und luxuriös.

ihnen nichts gleich. Selbst sparsam verwendet, entfalten sie in einem Mosaik große Wirkung. Die *tesserae* setzen sich zusammen aus türkisem, grünen oder auch klarem Glas. Darauf liegt eine Schicht von 24-karätigem Blattgold, geschützt durch eine *cartellina* genannte dünne Lage aus klarem oder farbigem Glas. Die Gold-*tesserae* können eine glatte oder unebene Oberfläche aufweisen.

Es gibt auch Ausführungen mit Blattsilber oder -kupfer, einem dünnen Film aus Goldfolie oder anderen Metallen. Die Farben der Plättchen reichen vom tiefsten Gold bis zu leuchtendem Blau und Grün. Sie entstehen, wenn Änderungen an der *cartellina* oder der Glasunterlage vorgenommen werden.

Glas- und Steinzeugfliesen

Diese werden gewöhnlich aus Glas sowie glasiertem und unglasiertem Ton oder Porzellan hergestellt und als kleine, gleichmäßig geformte Fliesen angeboten. Sie werden auf Netz (aus Glasfaser) oder Kraftpapier in einer Bogengröße von ungefähr 30 x 30 cm geliefert. Diese Bögen erleichtern das Verlegen großer Flächen, weil nicht mehr einzelne Fliesen ausgelegt werden müssen. Die Materialpalette wächst ständig; Farben und Formen können aus einer riesigen Vielfalt gewählt werden.

Unten links Industriemosaik (Glassteine) ist ein häufig verwendetes Material. Es ist in herrlichen Farben zu haben und lässt sich leicht mit der Mosaikzange schneiden.

Unten rechts Keramik-Mosaikfliesen gibt es in vielen Formen und Farben sowie mit unterschiedlich texturierten Oberflächen.

Glasfliesen

Mosaikglas ist ein standardisiertes Produkt, daher billiger als Smalten und für den Amateur eher zugänglich. Es wird bogenweise angeboten; die einzelne Fliese misst 2 x 2 cm oder 1 x 1 cm. Die Bögen können im Ganzen zum Bedecken großer Flächen verwendet oder für einzelne Mosaiken geteilt werden.

Mosaikglas liegt in einer großen Farbenvielfalt vor. Das berühmte Bisazza-Sortiment ist von körniger Glasqualität und bietet eine schöne Auswahl an Fliesen. In das Glas ist hier Kupfer gemischt, das ihm zu Reflexionsvermögen verhilft, welches andere Fliesen nicht immer aufweisen. Durch Vierteln der einzelnen Fliese erhält man die klassischen quadratischen *tesserae*. Glas ist leicht zu schneiden und lässt daher auch kompliziertere Entwürfe zu.

Aus Frankreich kommt nun ein neues Sortiment an Mosaikglas („OPIO" COLOR), dessen Farben weniger raffiniert als die bei Bisazza sind. Das Glas ist glatt, die Farbdichte überall gleichmäßig, wodurch es ein wenig wie Plastik aussieht. Wenn Sie diese Glasfliesen mit den anderen Sortimenten mischen, verfügen Sie über eine schöne Palette. Das Material der französischen Hersteller ist eher grobkörnig, das italienische ist glatt.

Da Glas leicht splittert oder bricht, haben Fliesenhersteller mehrere Sorten als Bogen-Formate entwickelt, die rutschfest, feuchtigkeitsresistent und somit für Fußböden geeignet sind. Glasfliesen gibt es als glänzende, runde, quadratische, unebene, dicke, dünne, glatte oder texturierte und in vielen verschiedenen Farben. Fliesen sind für Mosaikkünstler wie für Kinder die Wahl unter vielen Süßigkeiten: Die Entscheidung fällt oft nicht leicht.

Keramikfliesen

Keramiksteinchen sind rund oder quadratisch erhältlich. Da es sie glasiert wie unglasiert gibt, eignen sie sich gut zur Schaffung von Textur. Die Farbe der unglasierten Teile ist einheitlich. Keramikfliesen sind billig und überall zu kaufen.

Oben Industriemosaik wird auf Bögen aus Netz-
material oder Packpapier angeboten und von
diesen mit warmem Wasser abgelöst.

Oben Bewahren Sie Ihre Mosaik-*tesserae*, nach
Farbgruppen geordnet, in Glasgefäßen auf.
So können Sie die Abstufungen in Ton und
Schattierung gut beurteilen.

Glas

Porzellan, Spiegelglas und Glas

Alle bisher erwähnten Materialien bauen ein Bild hauptsächlich aus Quadraten auf. Mit zerschlagenen Haushaltsfliesen entsteht ein ganz anderes Mosaikbild und eröffnet eine vollkommen neue Stil- und Materialwelt. Keramikfliesen gibt es mit Glasuren in schönen Farben, Texturen und Mustern.

Unten links und rechts Schlichte Haushaltsfliesen sind einfach und billig zu bekommen und leicht in die gewünschte Form zu bringen. Sie eignen sich gut für skulpturale Arbeiten und erweisen sich als nützlich, wenn ein feuchteunempfindliches Mosaik gewünscht ist.

Haushaltsfliesen mit glänzender Glasur versetzen Sie in die Lage, in einer Mosaikarbeit mit den Lichtreflexen zu spielen. Die ungleichförmigen Bruchstücke eignen sich hervorragend für abstrakte Entwürfe, besonders für die Arbeit an dreidimensionalen Objekten und modellierten Oberflächen. Sie sind leicht zu handhaben und bieten – zumal beim Arbeiten an Rundungen – eine Freiheit des Ausdrucks, die mit quadratischen Fliesen im Allgemeinen nicht zu gewinnen ist. Haushaltsfliesen ermöglichen es zudem, billig große Flächen zu bedecken.

Porzellan

Das Arbeiten mit zerbrochenem Porzellan, das ansonsten in der Tonne landet, stellt eine gute Art der Wiederverwertung dar. Die Wölbungen des Materials verhelfen dem fertigen Mosaik zu einer Oberflächentextur. Seltsam geformte Keramikwaren mit schnörkeligen Henkeln, Deckeln und Mustern zu kaufen macht Spaß; ein wenig davon teilen sie dem Mosaik mit.

Für komplizierte Entwürfe eignet sich Porzellan- und Töpferwarenbruch eigentlich nicht, sehr gut jedoch für das Arbeiten mit Mustern und Textur.

Spiegelglas

Spiegelglas können Sie in Form kleiner, auf Bögen aufgebrachter Quadrate oder Rechtecke kaufen oder als große Platte, die noch zerschlagen werden muss. Sehr gut ist die Wirkung eines mit Spiegelglas durchsetzten farbigen Mosaiks; überzeugend wirkt es aber auch, wenn es ganze Flächen bedeckt. Spektakulär sind die Lichtreflexe auf einer modellierten Form – denken Sie nur an die Spiegelkugel in der Diskothek! Dass es immer die jeweilige Umgebung widerspiegelt, macht seinen individuellen Reiz aus. Spiegelglas hat ähnlich magische Eigenschaften wie Gold. Verschnittreste bekommen Sie im Allgemeinen kostenlos vom Glaser.

Farbiges Glas

Der Besuch bei einem Farbglashändler ist wie der Gang in Aladins Höhle. Hier hat man nicht nur die schönsten Farbensammlungen, dem Glas eignet zudem ein wundersames Schimmern, gleich dem von Juwelen. Es gibt sogar ein irisierendes farbiges Glas, das das Licht wie Perlmutt reflektiert. Einige Arten von Farbglas sind Kunstwerke schon in sich selbst. Über ganze Oberflächen verteilt wirkt es prachtvoll, punktuell eingesetzt vermag es Einzelheiten innerhalb eines Bildes oder abstrakten Musters hervorzuheben. Verwenden Sie farbiges Glas in Ihrem Mosaik, wenn es Ihnen um etwas ganz Besonderes geht.

Links Zerbrochenes Geschirr im Mosaik mit zu verwenden ist eine originelle und billige Methode der Umnutzung.

Unten links Zerbrochenes Geschirr bringt mehr Vielfalt ins Mosaik. Die Unebenheit von Stückchen der ehemaligen Tassen und Teller sorgt für Textur, und die Muster lassen sich spielerisch ins eigene Design integrieren.

Unten Mitte und rechts Buntglas bietet schöne Farben und Texturen mit einem wundervollen Reflexionsvermögen. Schon eine Buntglasscheibe an sich darf als Kunstwerk gelten; in kleine Stücke gebrochen, stellt Buntglas ein fantastisches Mosaikmaterial dar.

Vermischte Materialien

Beim Arbeiten an dekorativen Mosaiken lassen sich sowohl herkömmliche Materialien einsetzen als auch ungewöhnlichere, aufgefundene und eingesammelte Objekte – wie Muscheln und ausgewaschenes Glas vom Urlaubsstrand bis zu Glasschmuck, Halbedelsteinen und Glasperlen. Grenzen gibt es nicht; trauen Sie sich, mit neuen Verfahren und Materialien zu experimentieren.

Unten links Kieselsteine eignen sich gut für schlichte, dauerhafte Entwürfe und bieten gedämpfte Naturtöne sowie texturale Qualitäten.

Unten Mitte Muscheln in schönen, zarten Farben verwendet man üblicherweise in Grotten oder Gartenhäusern.

Unten rechts Ausgewaschenes Glas und Keramik-Bruchstücke findet man oft am Strand.

Persönlichkeit und Originalität gewinnt das Mosaik durch den Einsatz mannigfaltiger Materialien. Dieser ist zumal bei Mosaikskulpturen besonders effektiv und gibt einer zweidimensionalen Arbeit eine Vielfalt an Textur und Tiefenwirkung. Es macht zudem Spaß, eine Sammlung anzulegen, etwa von Naturgegenständen vom Strand oder aus Flüssen oder von altem Porzellan aus Second-Hand-Läden.

Kieselsteine

Einige der frühesten Mosaiken wurden aus Kieselsteinen hergestellt, und in Griechenland ist diese Tradition immer noch sehr lebendig. In Lindos auf Rhodos finden sich viele Türstufen und Gehsteige aus Kieseln. Meeres- oder Flusskiesel gibt es in vielen zarten Farben. Es eignet ihnen eine gewisse Schlichtheit, die dem Auge wohl tut. Sie halten lang, und durch Versiegeln kann man sie nass und die Farben satter erscheinen lassen. Üblicherweise werden mit Kieseln große Flächen im Garten angelegt, wo sie einen guten Wasserablauf sicherstellen.

Muscheln

Muscheln haben in ihrer überreichen Formen- und Farbenvielfalt über Jahrhunderte die Kunsthandwerker inspiriert. Die Chinesen verwendeten für Einlegearbeiten Perlmutt. In Kalkzement eingelassene Muscheln säumen die Grotten der italienischen Renaissance-Gär-

Ganz links **Glas-Schmucksteine** mit flacher, metallisch belegter Rückseite lassen ein Mosaik funkeln.

Oben links **Zusätzliche Effekte** lassen sich im Mosaik mit kleinen Stücken ausgewaschenen Glases erzielen.

Links **Alte Perlen** sowie solche aus Glas und Plastik machen sich gut im Mosaik, weil sie Farbe und Textur mitbringen.

Unten **Aus kleinen Stein-, Marmor- und Schieferstücken** kann man unaufdringlich wirkende und doch lebhaft strukturierte Mosaiken gestalten.

Muscheln und Perlen

ten, und im 18. Jahrhundert schmückten sie viele Gartenhäuser des europäischen Landadels. Muscheln verleihen dem Mosaik natürliche Schönheit.

Geborgene Materialien

Die Kanten der Bruchstücke von Glas und Töpfereiwaren, die sich am Strand finden lassen, sind durch jahrelange Erosion im Wasser geglättet und gerundet. Auch ihre Farben sind gedämpft, was sie zu einem besonderen Mosaikmaterial macht. Nehmen Sie ruhig auch Materialien wie alte Münzen, Gabeln oder Löffel mit. Es ließe sich ein Bild aus Aluminium- oder Metallfolie, kombiniert mit Blöcken dieser Fundstücke,

aufbauen oder sogar eine Würfelskulptur damit bedecken.

Perlen und Halbedelsteine

Glasperlen und Halbedelsteine fangen das Licht ein und setzen in ein Mosaik Glanzpunkte aus Farbe und Reflexen. Ihre Unebenheit sorgt für Textur, die Einzelheiten hervortreten lässt. Das Glas alter Perlen weist oft charakteristische Eigentümlichkeiten auf. Im Handel gibt es Halbedelsteine mit flachem Rücken, die sich leichter verlegen lassen.

Quellen der Inspiration

Figürliches Mosaik

Die Darstellung der menschlichen Figur kann in vielerlei Gestalt erfolgen. Dies kann realistisch, wie bei den Römern, oder eher abstrakt geschehen. Die Römer bevorzugten für ihre Mosaiken die gegenständliche Darstellung. Wie in den anderen Künsten ließen sie es nicht bei einer Idealisierung bewenden; sie bildeten den Menschen realistisch, im wahrsten Sinne „mit all seinen Fehlern" ab. Plastiken zeigen uns Kaiser oder Senatoren mit dünnem Haar, gerunzelter Stirn oder charakteristischer Nase.

Ein Fachmann nutzt das figürliche Mosaik für eine Darstellung in allen Einzel- und Feinheiten. Durch die Weise, wie die *tesserae* zugeschnitten und je nach Größe und Form verlegt werden, erfahren in solchen Mosaiken die Gesichts- und Körperkonturen ihre kunstvolle Ausprägung – ganz besonders Kinnvorsprung, Wangenknochen und Brauen. Wegen der feinen Abstufungen in Farbe und Farbton eignen sich *tesserae* gut zur Modellierung der Gesichtszüge sowie zur Gestaltung von Licht und Schatten auf Gesicht und Körper.

In byzantinischer Zeit wurde die menschliche Figur stilisiert. Wie wir gesehen haben, beschränkte sich das Mosaik weitgehend darauf, Herrscher und religiöse Figuren – Christus, Gottvater, die Jungfrau Maria und die Heiligen – zu zeigen; hier war Idealisierung das Ziel. Die Formen wurden verschlankt und verlängert, dabei eleganter; die Gesichter gleichförmig und ausdruckslos, rituelle Gesten (wie das Segnen) wurden formalisiert. Dieser Stil inspiriert Mosaikkünstler noch heute.

Mosaik heute

Mosaiken späterer Jahrhunderte, wie die der Renaissance und der viktorianischen Epoche, blieben weitgehend klassisch und gegenständlich inspiriert. Im 2o. Jahrhundert jedoch gab es eine Bewegung hin zur abstrakten Darstellung der menschlichen Gestalt.

Diese Art der Menschenabbildung wurde auch von Künstlern wie Pablo Picasso, Matisse und Chagall inspiriert, ein Fakt, der dem Mosik mit seiner Betonung von Farbigkeit und Umriss entgegenkommt. Die Bandbreite reicht von der ethnischen Kunst bis zum Comicstrip.

Rechts *Satyr und Mänade:* Aktuelle Nachbildung (von Salvatore Raeli) eines Mosaiks des 2. Jahrhunderts aus dem Hause des Fauns in Pompeji.

Ganz links *Der heilige Ordalaffo Falier:* Ein Werk von Martin Cheek aus farbigen und Blattgold-Smalten.

Links *Sourire/Das Lächeln:* Ein verwegenes, maskenhaftes Eingeborenengesicht von Stephen Smith.

Unten *Der Diskjockey am Mischpult* ist ein von Celia Gregory für einen Musiker entworfenes Wandmosaik. Für einen vibrierenden Effekt sorgen die vom Zentrum in geraden Linien zum Rand drängenden quadratischen Fliesen.

Säugetiere, Insekten und Vögel

Seit der prähistorische Mensch die Umrisse von Pferden und Stieren in Höhlenwände ritzte, haben Säugetiere, Insekten und Vögel, die um uns sind, Faszination auf den bildenden Menschen ausgeübt. Für alle Künste und Kunsthandwerke, nicht nur fürs Mosaik, stellen sie eine unerschöpfliche Quelle der Inspiration dar. Zahme wie wilde Tiere sind bereits häufig in römischen Mosaiken zu sehen.

Unten links „Tafelbild" mit Kaninchen von Claire Stewart. Bemerkenswert ist der schwungvolle Umriss des Tierkörpers.

Unten rechts Takako Shimizus Mosaik vermittelt auf brillante Weise die Zartheit und Durchsichtigkeit des Spinnennetzes. An dieser Gartenmauer wirken die gedämpften Farben sehr gut.

Die antiken römischen Bildnisse waren zumeist realistisch, wenngleich zuweilen ein eigener Sinn für Humor aus ihnen spricht. Tiere haben in der Kunst oft symbolische Funktion: So können Hunde beispielsweise für Treue stehen. Vögel waren ein geläufiges Thema, zumal Tauben am Brunnen – ein Sinnbild für Harmonie und Frieden.

Moderne Umsetzung

Das gegenwärtig wieder auflebende Interesse am Mosaik manifestiert sich in einem eher naturalistischen Zugriff auf

schöne Details der uns umgebenden Welt. Umsetzungen gibt es viele: Ein Vogel könnte etwa im Mittelpunkt eines Mosaikpaneels stehen oder ganz allein vor einem schlichten Hintergrund wie einer Gartenmauer gezeigt werden.

Die Ausführung des Mosaiks hängt vom persönlichen Stil des Künstlers ab: Vierbeiner und Vögel lassen sich symbolisch oder allegorisch, mit Humor, realistisch oder naturalistisch behandeln. Sie können in umrissener Form vor einem ein- oder zweifarbigen Hintergrund oder mit dreidimensionaler Wir-

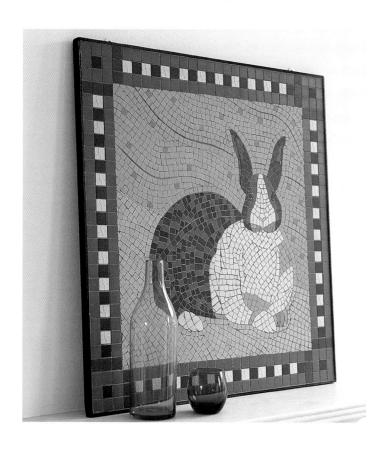

kung in Erscheinung treten. Durch ausgefallene Materialien kann die Arbeit
Textur und Tiefe gewinnen.

Oben Es scheint, als würde die fauchende
Tigerin förmlich aus diesem römischen Mosaik
herausspringen.

Rechts Takako Shimizus gut im Blattwerk
verborgene Mosaik-Fledermaus wirkt ebenso
plastisch wie echt.

Ganz rechts Der fein ausgearbeitete Mosaik-
vogel von Maggy Howarth wiederum demon-
striert, welch nachhaltige Wirkungen durch
die Verwendung unterschiedlicher Kieselstein-
formen, -farben und -töne zu erzielen sind.

Meeresbewohner

Für den Mosaikkünstler stellt der Ozean mit der ihm eigenen Lebensvielfalt seit Jahrhunderten eine reiche Quelle der Inspiration dar. Mosaikarbeiten haben ihren Standort oft nahe am oder gar im Wasser, wie an Badezimmerwänden oder auf Böden, in Schwimmbädern oder an Brunnen. Für dekorative Anlagen an solchen Orten drängen sich Meereslebewesen als Thema geradezu auf.

Viele Mosaikmaterialien, vor allem die intensiven Smalten, passen zu den schönen Farben der Fische und den Smaragd-, Azur-, Türkis- und Aquamarintönen des Ozeans. Hier tun sich dem Mosaikkünstler wunderbare Spielräume für Experimente mit lebhaften Farben auf.

Meereslebewesen wie Fische, Delfine, Oktopusse, Seesterne und Seegras können zu einem fließenden Mosaikbild voller Energie beitragen. Der Eindruck von Wasser, Licht und Bewegung lässt sich mit Hilfe von *tesserae* wirkungsvoll und mit erstaunlich wenig Aufwand vermitteln. Das Mosaik kann mit schillernden und reflektierenden Materialien wie Spiegelglas durchsetzt werden, damit gewisse Bereiche hervorgehoben werden und eine glitzernde Szenerie entsteht.

Solche Mosaiken sind häufig sehr grafisch und reich an Mustern. Die Fischschuppen wirken in natura selbst oft schon wie Mosaiken; die Künstler können hier also sehr detailliert gestalten.

Oben Detail aus einem Randmotiv von Norma Vondee, das einen Delfin im klassischen Stil zeigt.

Rechts Diese Wiederbelebung eines römischen Mosaiks zeigt unter Verwendung winziger Marmor- und Steinstückchen zahlreiche Vertreter von Meereslebewesen.

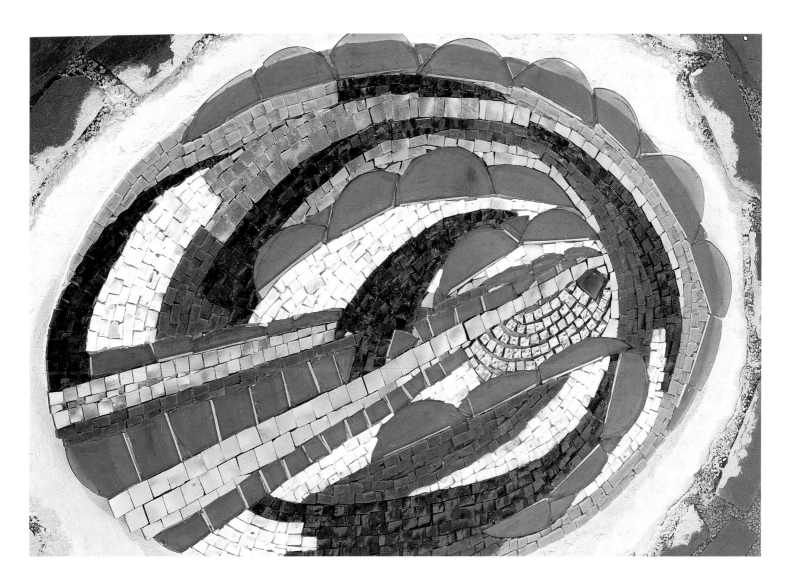

Oben *Over the Wave/
Über die Welle:* Nah-
aufnahme eines
Details aus einem
Meeres-Tryptichon,
gefertigt von Jane
Muir aus veneziani-
schen Smalten, Blatt-
gold-Mosaik, Schiefer,
Granitsplittern und
Marmorstaub.

Links Detail eines
Spiegelrahmens aus
korallenfarbenen
Smalten, dekoriert
mit Meereslebewesen,
von Norma Vondee.

Rechts Fein ausgear-
beiteter, glitzernder
Meeresbewohner aus
Smalten und Spiegel-
glas von Martin Cheek.

Pflanzen und Blumen

Über Jahrtausende haben Menschen Freude daran gefunden, die zerbrechliche Schönheit von Pflanzen und Blumen in der Kunst zu bewahren, sei es in Form von Gemälden, Zeichnungen, Skulpturen, in Email oder Glas – oder eben im Mosaik. Die Natur stellt mit ihren Pflanzen und Blumen dem Mosaizisten reizvolle Vorlagen zur Verfügung. Sie beruhigen die Sinne und erfreuen das Auge; ihre Schönheit ist beständig, und sie lassen sich in stilistischer Hinsicht sehr mannigfaltig umsetzen.

Natürliche Pflanzenformen sind im Mosaik sehr beliebt. Häufig sind rankende Pflanzen in die Zeichnung der Mosaikumrandung eingeflochten. Sie umfließen das eigentliche Sujet in wundervollem Rhythmus und geben ihm ein Moment der Tiefe. Pflanzenformen lassen sich in sehr eleganter und stilisierter Weise wiedergeben.

In der aktuellen Mosaikkunst basieren viele außerordentliche Arbeiten auf der Grundlage natürlicher Formen. Kräftige Farben in Verbindung mit groben Texturen können lebhafte dreidimensionale Bilder entstehen lassen. Pflanzen und Blumen ergeben auch vorzügliche Einzelbilder – vielleicht für eine Tischfläche oder ein Paneel –, da Blätter, Blütenblätter und Stiele sich an und für sich schon gut für die fließende Ornamentik eignen. Bäume, zumal der Lebensbaum, sind ein gängiges Sujet im Mosaik.

Für eine Darstellung zarter Blumen in gedämpftem Farbton würde sich Marmor als Material anbieten; für eine kräftigere, weniger gegenständliche Ausführung wähle man kühnere Farben und Materialien wie Glas und Spiegelglas. Eine warme, erdige Anmutung gewinnen Mosaik-Pflanzenbilder durch die Verwendung von Keramikfliesen.

Links *Lebensbaum:* Paneel von Helen Baird mit einem Rahmen aus handbemalten mexikanischen Fliesen. Bäume sind ein beliebtes Sujet für die Mosaikarbeit.

Ganz oben Norma Vondee versteht es perfekt, die Struktur einer Ananas in diesem Mosaik fast körperlich zu übermitteln.

Oben Garten-Ornament von Rebecca Newnham mit überzeugender abstrakter pflanzlicher Motivik.

Oben Detail aus der Arbeit *Vogel auf einem Busch* von Salvatore Raeli: Ein Marmormosaik in gedämpften, warmen Tönen.

Landschaften und Stillleben

In der Antike wurden ganze Landschaften in Mosaik dargestellt – im aufgegebenen römischen Hafen Ostia gibt es sogar das Beispiel einer überraschend genauen Weltkarte. Ihren idealisierten Figuren fügten die Byzantiner gleichermaßen stilisierte Landschaften bei: grünes Gras findet sich ebenso wie Wildblumen oder tiefblaue nächtliche Himmel mit glitzernden Sternen. Eine größere Landschaft in Mosaik umzusetzen – das vielfältige Auf und Ab von Hügeln und Tälern, die Abstufungen im Blau des Himmels oder Reflexe auf dem Wasser –, erfordert große Geschicklichkeit, Zeit und Geduld.

Wie bei jedem gemalten Bild beginnt die Erschaffung einer Landschaft mit der Komposition. Sie muss entworfen und skizziert, der Arbeitsablauf sowie die Farben der *tesserae* müssen im Voraus bedacht werden.

Auch Landschaften, die auf den ersten Blick naturgetreu wirken, weisen zumeist ein gewisses Maß an Stilisierung auf, eine Art von Aufgeräumtheit, die einzelne Sujets in den Vorder- beziehungsweise Hintergrund rückt, Einzelheiten hervorhebt und eine Anmutung von Distanz und Dreidimensionali-

Unten **Dieses mit hoher Kunstfertigkeit ausgeführte Mosaik aus der römischen Kaiserzeit zeigt in zahllosen Einzelszenen die Flucht der Menschen vor den Nilfluten.**

tät aufkommen lässt. Bilder bauen sich auf, indem Linien aus beschnittenen oder unbeschnittenen *tesserae* um Sujets wie Bäume oder Hügel gelegt werden, wobei der Hintergrund viele weitere Muster aufweisen kann. Eine Mosaik-Landschaft ist wie ein Bild aus Pixeln, das aus einer gewissen Entfernung betrachtet werden muss, um scharf zu wirken.

Auch naturalistische Mosaikbilder sind sehr effektvoll. Zeitgenössische Mosaikkünstler beziehen Anregungen aus der naiven Kunst und den surrealen Landschaften De Chiricos. Unter voller Ausnutzung der texturalen und grafischen Qualitäten des Mosaiks deuten sie eine vollständige Landschaft eher an als sie mit vielen Einzelheiten vor Augen zu führen.

Stillleben

Ein beliebtes Mosaikthema ist die Darstellung von „unbelebten" oder leblosen Gegenständen wie Blumen, Weintrauben oder Speisen. Bei der Kombination von Bildelementen, deren Anordnung im Bildfeld sowie beim Auslegen der Umrisslinien muss man sorgfältig vorgehen. Gut wirken neutrale Hintergründe mit lebhaften Vordergrundbildern zusammen.

Ganz oben *Kerzenständer und Früchte:* In diesem Stillleben von Rosalind Wates geht es um Kontrast. Den statischen Effekt vermittelt das *opus regulatum* der gleichmäßig in geraden Reihen vergelegten quadratischen Fliesen.

Oben Eine detaillierte Landschaft mit Gebäuden aus winzigen *tesserae*, fast ein Mikromosaik.

Links *Umwelt:* Idealisierte Landschaft von Stephen Smith mit sowohl willkürlich als auch gleichförmig verlegten Fliesen.

Geometrisch und abstrakt

Viele Mosaiken weisen in der einen oder anderen Form nichtgegenständliche geometrische und abstrakte Muster auf. Ob Würfel, Karos, Schachbrett- und Seilmuster, ineinander greifende Kreise oder Quadrate, Fischgrät, Korbgeflecht, Spiralen und Dreiecke – Motive gibt es nahezu unendlich viele. Geometrische Wiederholungsmuster eignen sich ideal für Mosaikeinfassungen.

Unten links Blaue und türkise Fliesen in geometrischem Muster wurden diagonal zur Einfassung verlegt. Muster in Wasseranlagen sollten möglichst schlicht gehalten werden.

Unten rechts Ein Patchwork-Mosaik spiegelt sich in der Seitenfläche dieses Beckens wider.

Gegenüber Die Kunst Paul Klees klingt bei dieser geometrischen Vogeltränke an. Der Rastereffekt wird durch die Farbwechsel aufgefangen.

Geometrische Muster passen an und für sich schon ideal zum Mosaik. Die Umrisslinie ist im Wesentlichen einfach; die Form der *tesserae* fügt sich ihr in idealer Weise. Wiederholungsmuster müssen nicht monoton sein; ganz im Gegenteil: Sie können beruhigend wirken und dem Auge wohl tun. Unterschiedliche Farbbahnen können für Variationen sorgen.

Muster

Mit Hilfe eines Wiederholungsmusters lassen sich Räume wirkungsvoll miteinander verbinden. So könnten zum Beispiel ein Weg und ein Flur beide ein schlichtes Schachbrettmuster aufweisen: der Weg sagen wir in Schwarz-Weiß und der Flur in Blau und Weiß. Der Übergang von Außen nach Innen wird über den Wechsel im Farbverlauf vermittelt, und wo die beiden Flächen relativ klein sind, lässt ein gleich bleibendes Muster den Gesamtraum größer erscheinen, indem es für Kontinuität sorgt.

Man kann aus vielen geometrischen Standardmustern wählen, wie die ewig jungen griechischen Mäandermuster, die fließenden Flechtmuster der keltischen Kunst oder islamische und besonders arabische kalligrafische Motive. Geometrische Formen begegnen oft in der Kunst des 20. Jahrhunderts; die Farbblöcke eines Künstlers wie Mondrian zum Beispiel ließen sich sehr gut in Mosaik umsetzen.

Gestalten mit Mosaik

Überlegungen

Die große Auswahl an Materialien eröffnet den persönlichen Vorlieben des Mosaizisten einen weiten Spielraum. Er ist frei in der Wahl der Größe seines Werkes – von einem Paar Ohrringe, einer Brosche bis zu einem Stuhl, einem Tisch, einer Brunnenfigur oder einem kompletten Fußboden oder Wandmosaik. Bild oder Muster können so gewählt werden, dass sie etwas über den Künstler oder den Auftraggeber aussagen.

Beim Gestalten mit Mosaik haben Sie die Freiheit, mit nur einem Material, wie Smalten, zu arbeiten, oder beliebig viele zu kombinieren. Zuweilen macht es aber gerade diese Freiheit schwer, sich zu entscheiden. Es gibt jedoch noch andere Kriterien, an denen Sie sich orientieren können. Vielleicht soll Ihr Mosaik an einem im Voraus festgelegten Platz innerhalb eines Raumes oder im Freien, umgeben von anderen Objekten, stehen? Soll es einem bestimmten Zweck dienen, etwa Wasser aufnehmen? Auch sollten Sie bei Ihren Planungen bedenken, dass Mosaik langlebig und die Farben beständig sind. Anders als Stoffe, Papier oder Malerfarben zerfallen Stein, Glas und Keramik nicht; auch zerbrechen und verbleichen sie nicht so leicht. Sind erst Zement oder Kleber ausgehärtet, ist es für Änderungen zu spät. Dies sind einerseits die großen Stärken des Mosaiks; andererseits heißt dies aber auch, dass Fehler sich nicht vertuschen lassen.

Sobald Sie sich über Ihr Ziel und den Weg dorthin im Klaren sind, gibt es keinen Anlass zur Sorge. Materialien, Farbe und Stil werden sich von alleine aufs Glücklichste mit Umgebung, Stimmung und Größe verbinden, und Ihr Mosaik wird Sie mit Stolz erfüllen. Bevor Sie aber ans Werk gehen, beachten Sie am besten die folgenden Punkte.

Oben Die Grundlage zahlreicher Mosaikarbeiten bilden solche quadratischen *tesserae*, die – als Ganzes oder in die gewünschte Form gebracht – in mannigfaltiger Weise verlegt werden können.

Rechts Mosaik eignet sich ideal für Badezimmer. Hier wurden sizilianische Kalksteinfliesen verwendet.

Funktion

Behalten Sie immer die Funktion des Mosaiks im Auge. Soll es praktisch oder dekorativ sein? Da Mosaik zumeist widerstandsfähig und wasserabweisend ist, ist seine Verwendung als Spritzschutz am Waschbecken oder auf dem Boden eines Flurs oder Innenhofs unbedenklich. Falls Ihre Arbeit einer Berührung durch Füße, Seife oder Wasser ausgesetzt ist, überlegen Sie, welche Materialien Ihren Ansprüchen am besten gerecht werden: Glas, zum Beispiel, sollte nicht begangen werden oder mechanischer Abnutzung ausgesetzt sein. Ist es Ihnen jedoch um eine rein dekorative Wirkung zu tun, so gelten diese Erwägungen nicht, und Ihr Spielraum ist größer.

Standort

Überlegen Sie, wo das Mosaik positioniert werden soll. Jeder Aspekt des Werkes – ob schlicht oder komplex, abstrakt oder gegenständlich, die Größe, die eingesetzten Farben sowie die Materialien –, wird vom Standort des Mosaiks im Haus oder Garten beeinflusst.

Blickpunkt

Entscheiden Sie, ob das Mosaik aus seiner Umgebung hervortreten oder in ihr aufgehen soll. Wird es zum Blickpunkt eines dekorativen Pflanzenarrangements oder soll es mit einer bestehenden Möblierung harmonieren? Von der Antwort hängt es ab, wie ausgeprägt die Gestaltung zu sein hat.

Stimmung

Welche Wirkung soll vom Mosaik ausgehen, welche Stimmung soll es fördern? Verschaffen Sie sich bereits in einem frühen Stadium Klarheit darüber, inwieweit es im Mittelpunkt stehen soll; ein solch starkes Medium stellt leicht seine Umgebung in den Schatten. Das Mosaik mag so kräftig sein, wie Sie es wollen – stilistisch sollte es in seine Umgebung eingebunden sein. Ein glänzender geometrischer Spiegelglasrahmen erzeugt in einem mit sanften Blumenmustern dekorierten Gästeschlafzimmer einen Misston; in ähnlicher Weise würde eine große Arbeit in leuchtendem Folklore-Rot oder Orange einen kleinen, aber feinen Hofgarten in Weiß „erschlagen".

Größe

Sorgen Sie dafür, dass sich Mosaik und Umgebung hinsichtlich der Größenordnung in Einklang befinden: Ein sehr kleines Muster auf einer breiten Wand wirkt ebenso deplatziert wie ein großes Muster in einem winzigen Raum. Betrachten Sie eine der Illustrationen dieses Buches in Augenhöhe und legen Sie dann dieselbe Seite auf den Boden; Sie werden sehen, wie viele Einzelheiten Ihnen ent-

Oben *Feen:* Ein schönes, abstraktes Mosaik, gefertigt aus Spiegelglas und schimmerndem Buntglas von Celia Gregory. Das Reflexionsvermögen der Materialien lässt das Bild je nach Lichteinfall anders wirken.

gehen. Handeln Sie nach der Devise „Weniger ist mehr" und verzichten Sie auf überflüssige Details in kleineren Arbeiten oder bei solchen, die nur von Ferne betrachtet werden.

Der richtige Platz für das Mosaik

Einige wichtige Faktoren gilt es bei der Planung eines Mosaiks für den Innen- oder Außenraum zu berücksichtigen. Zur Hilfe bei der Vorbereitung und um Zeit raubende Fehler zu vemeiden, achten Sie auf die Fragen in den Checklisten dieser Seiten und machen Sie sich den Zweck Ihrer Arbeit klar, ob es sich um ein praktisches oder dekoratives Mosaik handeln soll.

Mit Mosaik als einem kraftvollen Medium lassen sich große Flächen bedecken und eindrucksvolle Wirkungen erzielen. Besonders in Innenräumen fällt es immer gleich ins Auge. Gerade ein großes Mosaik darf seine Umgebung nicht überwältigen. Behalten Sie dies im Sinn, wenn Sie beginnen, sich über Zeichnung, Farbe und Größe Gedanken zu machen.

Mosaik eignet sich hervorragend fürs Freie, wo Wind, Regen und Frost einem weniger widerstandsfähigen Material bald gehörig zusetzen würden. Überlegen Sie schon beim ersten Entwurf, ob das Mosaik in die Umgebung, zu den Pflanzen, der Garteneinrichtung und zum Haus passen wird.

Rechts In einer verhalten modernen Einrichtung bringt der von Marion Lynch gestaltete Spiegelrahmen vibrierende Ornamentik ein.

Gegenüber, links unten
Ein impressionistisches Hahnen-Mosaik von Takako Shimizu belebt die einförmige Ziegelsteinwand.

Gegenüber, rechts oben
Die lebhaften Farben dieser kleinen Brunnenschale von Tabby Riley passen zur exotischen Bepflanzung.

Checkliste für Innenräume

- Welchem Zweck dient das Mosaik?
- Für welches Zimmer ist es gedacht?
- Wird das Zimmer farblich auf das Mosaik abgestimmt?
- Falls nicht, passt das Mosaik in den bestehenden Rahmen?
- Ist die geplante Darstellung dem für das Mosaik vorgesehenen Raum angemessen?
- Ist das Gewicht des Objekts und des verwendeten Materials dem Zweck wie der Position angemessen?
- Planen Sie ein mobiles Mosaik (beim Umzug leicht transportabel) oder ein fest eingebautes (oder Wandmosaik)?

Checkliste für Außenräume

- Was ist der Zweck des Mosaiks?
- Wo ist sein Platz?
- Soll es sich in bestehende Pflanzen- und Gartenanlagen einfügen oder stellt es das Zentrum dar, von dem alles andere ausgeht?
- Sind die Farben dem Zweck, der Größe und dem Standort angemessen?
- Hat das Mosaik für seine besondere Aufgabe die richtige Größe (weder zu klein, um sich zu behaupten, noch so groß, dass es seine Umgebung beherrscht?
- Ist es für den Fall, dass es Informationen wie einen Namen oder eine Hausnummer bekanntgeben soll, deutlich genug, um aus einer gewissen Entfernung gesehen werden zu können?

Licht

In gemäßigten Breiten ist das Tageslicht im wesentlichen blau; in tropischen Gegenden hat es mehr Rotanteile. Prüfen Sie im Freien, wie das natürliche Licht die Farbe der *tesserae* verändert. Es gibt keinen Grund, „warme" Farben (siehe nächstes Kapitel) in gemäßigten Breiten nicht einzusetzen, wenn man sich nur bewusst ist, wie aufregend sie wirken. Mosaiken in leuchtendem Rot und Orange müssen in Gärten mit zurückhaltenden Farben umsichtig platziert werden. Lässt man sie jedoch aus üppigem Grün hervorlugen, beleben sie schattige Bereiche, dunkle Hofgärten oder einen besonderen Gartenraum innerhalb einer großen Anlage. Hingegen schaffen kühles Blau und Grün in wärmerer Umgebung eine Atmosphäre von Ruhe und Gelassenheit.

Positionierung

Zum Erfolg Ihrer Arbeit trägt wesentlich die kluge Aufstellung des Mosaiks

in einer Umgebung bei, in der alle Gestaltungselemente (Thema, Muster, Rahmen, Farbe, Textur und Größe) zur Geltung kommen. Im Hinblick auf den vorgesehenen Standort können Sie ein ihm angemessenes Thema wählen, zum Beispiel Nahrungsmittel für die Küche oder Weintrauben und Weinblätter fürs Esszimmer.

Berücksichtigen Sie beim Arbeiten an einer Zimmerdecke oder auf dem Fußboden die Blickachsen, die Ein- und Ausgänge des Raumes und von wo aus das Mosaik gesehen werden kann. Bei einer Schrägaufsicht muss das Mosaik auch unter diesem Aspekt die beste Ansicht bieten.

Spiegelglas-Mosaiken sollten im Interesse einer günstigen Wirkung neben Fenstern und nicht ihnen gegenüber

ihren Platz finden. Arbeiten mit zarten Farben bedürfen einer sorgfältigen Platzwahl, damit diese gesteigert werden und nicht wegen grellen Lichts an Wirkung verlieren.

Größe

Behalten Sie bei der Planung den Maßstab im Auge und lassen Sie Einzelheiten weg, die aus einer gewissen Entfernung ohnehin nicht zu sehen sein werden. Dies betrifft in gleicher Weise die Größe der *tesserae*, mit denen Sie arbeiten. Sie dürfen nicht so groß sein, dass Sie mit ihnen bei Ihrem Entwurf nicht zurecht kommen, aber auch nicht zu klein, weil die Arbeit dann schnell unübersichtlich aussieht und ihre Ausstrahlung verloren geht.

Verwendung der Farben

Eines der grundlegenden Elemente jeder Darstellung in einem beliebigen Medium ist die Farbe – sie hat einen tiefgehenden Einfluss auf die Art, in der wir auf ein Objekt reagieren. Wie das Licht, sei es natürliches oder künstliches, auf diese Farben fällt, ist von ungeheurer Bedeutung und von Beginn des Vorhabens an mit zu bedenken. Wenn Sie mit großen Flächen gleicher Farbe arbeiten, variieren Sie den Farbton und die Größe der Mosaiksteinchen.

Nehmen Sie bei der Entscheidung über die zu verwendenden Farben einige Proben in die Hand, setzen Sie sie provisorisch an den vorgesehenen Ort und beobachten Sie, wie das natürliche Licht einfällt. Die Farben werden umso kräftiger aussehen, je näher sie dem Fenster sind. An einer Wand zwischen zwei Fenstern und gegen das grelle Tageslicht betrachtet, geschieht genau das Gegenteil: sie erscheinen dunkler. Mehr noch – derselbe Rotton sieht ein wenig anders aus,

Unten Kleine Farbmustertafel zum Sortiment der Farben und Farbtöne bei Smalten, das dem Mosaikkünstler jetzt zur Verfügung steht.

je nachdem ob er sich auf dem Fußboden oder an einer senkrechten Wand befindet. Auch die Lichtquelle vermag Farben stark zu beeinflussen, wie jeder weiß, der schon einmal versucht hat, Farben unter fluoreszierendem Licht aufeinander abzustimmen. Betrachten Sie Ihre Farbproben unter allen Lichtarten, denen sie ausgesetzt sein werden (Tageslicht, Wolfram-, Halogen-, Neonleuchten usw.), und denken Sie auch daran, dass sich das Licht mit der Tageszeit ändert.

Warme und kühle Farben

Was wir als farbloses weißes Licht wahrnehmen, kann in die Spektralfarben – Rot, Orange, Gelb, Grün, Blau, Indigo und Violett – zerlegt werden.

Diese lassen sich grob in warme (Rot, Orange und Gelb) und kühle (Grün, Blau und Indigo) Farben einteilen. Töne von Violett (eine Mischung von Rot und Blau) tendieren je nach Rot- und Blauanteil zum Kühleren; Mauve und Lila zum kühlen, Kastanienbraun und Purpur zum warmen Farbbereich.

Darüber hinaus sind Farben dominant oder regredierend, das heißt, einige fallen mehr ins Auge als andere. Es geht dabei nicht so sehr um die Frage Hell oder Dunkel, sondern darum, welche Farben das Auge zuerst anziehen und welche es ins zweite Glied verweisen. Üblicherweise sind das zunächst sofort die Rot-, Orange- und Gelbtöne oder

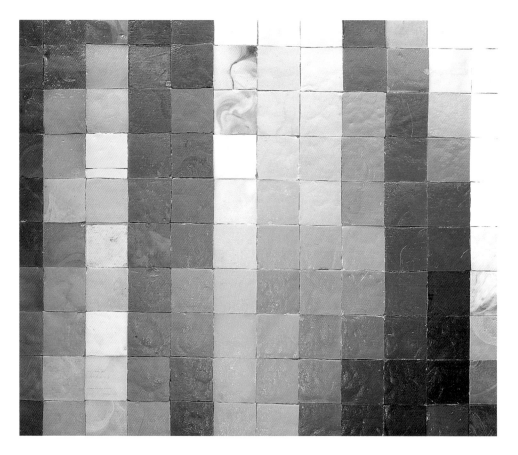

Oben **Die Verwendung dunklerer und helle-rer Farbtöne lässt einzelne Elemente einer Darstellung in den Hintergrund und andere hervortreten.**

Oben **Eine kräftige Farbe hebt sich von einem hellen Hintergrund deutlicher ab als Weiß von einem farbigen.**

Oben **Dasselbe Muster vermag allein durch die Verwendung von Farbe ganz unterschiedlich zu wirken.**

andere kräftige, helle Farben (in einem Zimmer ganz in Blau, zum Beispiel, wandert das Auge zum hellsten Blau-ton) und danach erst die anderen Far-ben, das Blau, Grün und Braun.

Denken Sie also bei der Entscheidung über den Einsatz von Farben an deren visuelle Wirkung. Eine Palette aus Rot, Orange und Gelb erzeugt ein Gefühl von Wärme, dominiert aber auch die Umgebung. Da diese Farben das Auge anziehen, lassen sie Räume kleiner er-scheinen, was kein Nachteil sein muss: Eine Eingangshalle in warmen Tönen ist in kalter Winternacht besonders einladend; ein nach Norden liegendes

Badezimmer wirkt klein, gemütlich und weniger kalt, wenn es mit Farben aus dem warmen Bereich des Spektrums dekoriert wird.

Blau, Grün und Indigo sind kühle Far-ben; in Verbindung mit der „harten" An-mutung von Mosaik vermögen sie einen kalten Raum noch kälter erscheinen zu lassen. Zusammen mit Braun sind sie regredierend und dadurch in der Lage, kleine Räume größer erscheinen zu las-sen, vorausgesetzt, Sie entscheiden sich nicht für zu viele dunkle Töne, da diese Räume einengen. Gedämpftes Blau, Grün und Lila sind eine gute Wahl für ein Mosaik am Ende eines kleinen Gartens.

Hinsichtlich dunkler und heller Far-ben sagt die herrschende Lehre, dass ein dunkler Bereich stärker hervortritt, wenn er von heller getönten Farben um-geben ist. Dies ist auch der Fall, wenn nur die Farben nicht zu fade sind (zuviel Creme oder Beige wirken lang-weilig).

Den gleichen Erfolg kann jedoch ein Betonen des dunklen Aspekts durch Wahl eines ähnlichen Tons einer an-deren Farbe bringen. Das Geheimnis liegt in einer tiefen, aber satten Farbe: Wählen Sie dunkles Schacharlachrot oder Blau, Johannisbeere, Pfauenblau, Rasengrün oder Schokoladenbraun.

Farbe auf den Stil abstimmen

Sehr wichtig ist es, dass Sie die Farbpalette passend zum Stil des Dargestellten auswählen, wenn das Ganze nicht unstimmig aussehen soll. Zu einem folkloristischen Muster passt keine Kombination aus Chromgelb, Schwarz und Silber, wohingegen ein Art-deco-Design in den Grundfarben Blau, Rot und Gelb nicht gut wirkt. Ein realistisches Blumenmosaik wird am besten in den Farben ausgeführt, die den natürlichen am nächsten kommen, während ein von Tiffany inspiriertes Werk nach dessen charakteristischen Farben Türkis, Lavendel, Chartreuse-Grün und gedämpft-rötlichem Weiß verlangt. Ein Seestück wirkt angemessen in Blau, Grün und Sandfarbe.

Links Meeressujets sehen am besten in Blau-, Grün- und Sandtönen aus.

Unten links Dekorative Mosaiken können als Accessoires auf bestehende Anlagen oder Einbauten abgestimmt werden. Beispielsweise nimmt dieser Spiegelrahmen den rötlichen Ton des Marmorbeckens wieder auf.

Farbe auf die vorhandene Einrichtung abstimmen

Gegenstände, von denen Ihr Mosaik umgeben sein wird, sind in die Überlegungen mit einzubeziehen. Auch wenn es nur wie ein Farbtupfer sein soll, muss es doch, um nicht deplatziert zu wirken, zu seiner Umgebung eine Beziehung herstellen.

Betrachten Sie die Möbel, Wände, Vorhänge und andere Stoffe und Gegenstände im Zimmer. Lässt sich ein generelles Farbschema erkennen? Wenn ja, dann verschmelzen Sie Ihr Mosaik mit ihm, vielleicht indem Sie einige der Farben in einer liebevollen Detailgestaltung (Kaminaufsatz mit Mosaik) aufgreifen.

Ob an der Wand, auf dem Fußboden oder einem anderen Gegenstand aufgebracht – ein Mosaikpaneel muss in einer Beziehung zur Wand- oder Bodenfarbe stehen. Die Hintergrundfarbe könnte vielleicht um einen oder zwei Töne heller sein als die Wand oder der Boden, die Darstellung könnte auf die Farben der Fliesen in einer Diele antworten oder der Mosaikrahmen könnte andere Bilderrahmen im Raum imitieren.

Kühles und warmes Licht

Die Tatsache, dass das Licht je nach Land andere Eigenschaften hat, spielt besonders bei Betrachtung des Gartens eine Rolle. In gemäßigten Breiten ist das Licht – auch im Hochsommer – im Allgemeinen blau.

Am Mittelmeer und in tropischen Regionen ist das Licht erheblich wärmer und röter. Dies erklärt, warum die Farben der Provence, Italiens und von Santa Fé in New Mexico (Ocker, Terrakotta und Erdtöne mit Einsprengseln von Kobaltblau und Rostrot) ebendort angemessen wirken, sich aber nicht durchwegs gut auf gemäßigte Zonen übertragen lassen. Im Gegensatz dazu können das sanfte Grün, Braun und Graublau, das zu wolkenverhangenen Himmeln passt, bei stärkerem Sonnenlicht allzu gedämpft und ausgewaschen wirken.

Weiße und dunkle Fugenmasse

Zum gestalteten Mosaik gehören die Fugen zwischen den Steinchen ebenso wie diese selbst; sie werden mit einem Fugenmörtel ausgefüllt. Der Eindruck, den das Mosaik vermittelt, ändert sich je nach gewählter Mörtelfarbe erheblich: Ein weißer Mörtel lässt alles sehr viel heller wirken, ein dunkler ist tief und düster, kann aber Kontrast schaffen. Probieren Sie die unterschiedlichen Wirkungen an einem kleinen Muster aus.

Ganz oben Die Farben der Mosaikfliesen wurden mit Bedacht so gewählt, dass sie mit den Vasen auf der Fensterbank korrespondieren.

Oben Entscheiden Sie frühzeitig, ob Sie weiß oder dunkel verfugen wollen, da dies auf das Gesamterscheinungsbild des Mosaiks Einfluss hat.

Links Gedämpfte, vom Regen ausgewaschene Farben passen gut in jeden Garten.

Das Erzielen von Kontrast

Kontrast sorgt für Spannung und Bewegung und ist notwendig, um das Auge bei Laune zu halten. Es mag bei einer Arbeit auf den ersten Blick so aussehen, als sei auf jeglichen Kontrast verzichtet worden, zumal bei Einsatz sanfter, gedämpfter Farben – der Künstler aber vermag Kontrast auf viele Weisen einzubringen. Letzterer kann in den gewählten Materialien, der Farbe, dem Farbton, der Form der *tesserae*, der Art, diese auszulegen wie in der Oberflächentextur des Mosaiks bestehen.

Rechts Trotz der gedämpften Naturfarben tritt bei diesem Design Kontrastwirkung durch das Nebeneinander von Stern und Kreis sowie von unglasierten und glasierten Fliesen ein.

Unten Kontrast entsteht hier durch Form und Farbe: Ein „Fluss" spitzendiger Scherben bewegt sich zwischen „Ufern" aus quadratischen Fliesen.

Kontrast lässt sich leicht durch Materialmischungen, Variationen in der Textur sowie Wechsel der Farben und Größe der *tesserae* erreichen, aber auch mit Hilfe überrraschender Elemente wie Gold, Silber und anderer Metalle, Spiegelglas oder ungewöhnlich geformter Teilchen. Experimentieren Sie mit dem Lichteinfall, der Transparenz oder Opazität der Arbeit.

Zu Kontrast führt auch die Gestaltung einer in weichen Kurven verlaufenden Bewegung, ausgeführt mit einem harten Material (z.B. Naturstein). Bei Mosaiken aus zwei oder noch mehr unterschiedlichen Materialien stellt sich Kontrast allein schon durch die Mischung der Materialien ein.

Größe und Form

Eine Standardmethode sieht vor, die *tesserae* zu vierteln; fortlaufende Umrisslinien werden oft aus Achteln gelegt. Gleichwohl lassen sich Mosaikmaterialien in zahlreiche Formen schneiden wie Quadrate, Rechtecke, Dreiecke und – mit ein wenig Übung – sogar Halbkreise und Keilfiguren. Sorgen Sie für Kontrast durch Variieren der Fliesengröße und -formen innerhalb eines Musters oder verschiedener Bereiche der Darstellung. Sie könnten zum Beispiel auf einer runden Tischoberfläche ein zentrales, kreisförmiges Mosaik aus gebrochenen Haushaltsfliesen ausführen – und im

Randbereich sauber verlegte Fliesen nach einem eher formalen Entwurf oder mit ausgeprägten Figuren wie Diamanten oder Dreiecken.

„Wildes" Mosaik

Wegen ihrer häufig quadratischen Form und harten Textur eignen sich Mosaik-*tesserae* gut für geometrische oder eckige Darstellungen. Es spricht aber überhaupt nichts dagegen, einmal ganz auf die visuellen Unterschiede zwischen Ton- oder Glasquadraten und sinnlichen Kurven und Bögen zu setzen. Denken Sie an Gaudís Häuser in Barcelona, deren wie Meereswellen auf und nieder fließende

Wände und Dächer mit glänzenden Fliesen und Mosaik bedeckt sind.

Farbe

Mit Hilfe von Farbe lässt sich Kontrast leicht und doch wirkungsvoll herstellen, etwa in einem ganz aus einem einzigen Material gefertigten Mosaik: Ein augenfälliges Beispiel wäre ein florales Mosaik mit Blumen in leuchtenden Farben und einfarbigem Hintergrund, vielleicht in Weiß, sehr hellem Grün oder sogar Hellgrau. Einen äußersten Kontrast ergibt die ausschließliche Verwendung von Schwarz und Weiß. Sie können sich auch auf eine oder zwei helle oder dunkle Farben beschränken, um die Aufmerksamkeit ganz auf Schnitt und Anordnung der *tesserae* zu lenken und in einzelnen Bereichen mit Mustern experimentieren. Ist Ihnen an einem glänzenden, vibrierenden Aussehen gelegen, empfehlen sich Kombinationen von Scharlachrot mit Blau oder Purpur mit Gelb. So extrem müssen Kontraste jedoch nicht sein; Abstufungen innerhalb derselben Farbe oder eine Palette aus verwandten Tönen können genauso wirkungsvoll sein.

Materialien variieren

Ein Moment der Überraschung trägt in idealer Weise zur Belebung einer Arbeit bei. Ein mattes Schachbrett in Schwarz und Weiß erfährt durch wie zufällig platzierte Silber- oder Glas-*tesserae* eine Verwandlung. Die Umrandung eines Schwimmbads kann mit Hilfe einiger schön geformter Muscheln an Lebendigkeit gewinnen. Der Gleichförmigkeit einer geometrischen Darstellung wirken eine große oder mehrere kleinere Flächen mit ungleichmäßigen Keramikbruchstücken entgegen. Ein einfarbiges Mosaik kann sich mit einem eingelegten Band aus gemustertem Bruchporzellan,

sei es in derselben oder einer Kontrastfarbe, bis zur Nicht-Wiedererkennbarkeit verändern. Lassen Sie Ihrer Fantasie freien Lauf und experimentieren Sie.

Oben Die lange, gewundene, mit Keramikstücken bedeckte Wand Gaudís öffnet sich hier zu einem unerwarteten Sitzbereich im Park Güell in Barcelona.

Links Eleganter Alkoven mit Mosaik aus rechteckigen Steinfliesen von Robert Grace. Auf einer Seitenwand sind die *tesserae* in eher zufälliger Weise ausgelegt, wodurch diese mit den anderen Flächen kontrastiert. Die Goldmosaik-Paneele von Salvatore Raeli zeigen eine Madonna nach byzantinischem Vorbild und einen jungen Patrizier.

Das Arbeiten mit Mustern

Im Medium Mosaik können Sie nahezu jedes Muster oder jede Figur darstellen, zumal wenn Sie einige Erfahrungen im Schneiden und praktischen Arbeiten gewonnen haben. Beispiele von der Antike bis heute zeigen, wie geschickte Kunsthandwerker vielerlei Details und unterschiedliche Muster in ihren Werken unterbringen. Es gibt einen Zweig der Mosaikkunst, Mikromosaik genannt, der mit *smalti filati* arbeitet und noch mehr Details und Muster möglich macht. Diese Mosaiken sind sehr kompliziert und erfordern das Können des Fachmanns.

Unten links **Dieses Detail aus einem größeren Mosaik führt verschiedene Arten des Richtungswechsels vor.**

Unten Mitte **Die gekurvten Linien dieses Mosaiks vermitteln erstaunliche Bewegtheit.**

Unten rechts **Mit Hilfe größerer, zugeschnittener Fliesenstücke lassen sich klare, kräftige Muster gestalten.**

Ein Anfänger sollte Wirkung im Mosaik eher durch eine breite Umrisslinie als durch feine Einzelheiten zu erzielen suchen. Anders als die Zeichnung oder das Gemälde ist das Mosaik umso weniger wirkungsvoll, je mehr es durch Details belastet wird. Füllen Sie einige kräftige Umrisslinien mit Mustern und Figuren oder lassen Sie Muster allein zum Hingucker des Mosaiks werden.

Einfache Umrisse

Wenn Sie ein guter Zeichner sind oder gut malen, könnte es passieren, dass Ihre ersten Entwürfe fürs Mosaik nicht recht geeignet sind, da Sie der Versuchung nachgegeben haben, zu viele Einzelheiten durch Schattieren und Modellieren einzubringen.

Studieren Sie für den Anfang die Arbeit von Cartoonisten, die mit wenigen Federstrichen Menschen, Plätze und ganze Landschaften heraufbeschwören. Beobachten Sie, wie ein Gesichtsausdruck mit einzelnen Strichen für Augen, Brauen, Mund und so weiter vermittelt und wie Bewegung ausgedrückt wird. Ebenso könnten Sie am Beispiel der Ausschneidefiguren im Spätwerk von Matisse erfahren, wie meisterhaft er die Konturen des menschlichen Körpers in Bewegung mit farbigen Seidenpapierstücken eingefangen hat.

Links Das schlichte, doch elegante Kreisdesign dieser Tischflächen von Rebecca Newnham folgt der Form des Objekts und vertieft den Blick auf das prächtige Material.

Unten Das zwischen die schlichten weißen Fliesen gesetzte Muster aus Porzellan- und Fliesenbruch hebt das aus wenigen Grundumrissen und -formen aufgebaute Design hervor; eine Arbeit von Cleo Mussi.

Falls Sie lieber nach einer bereits existierenden Vorlage arbeiten wollen, brauchen Sie nur die Grundform nachzuzeichnen oder durchzupausen und dann in einem Abstand zum Original zu prüfen, ob die Umrisse das, was Sie zeigen wollen, auch deutlich genug wiedergeben. Schließlich bringen Sie alles in die richtige Größe, was mit dem Fotokopierer leicht zu bewerkstelligen ist.

Muster bilden

Die Kunst, *tesserae* zu Bildern und Mustern zu legen, wird *opus* (Mehrzahl *opera)* genannt. Es gibt keine festen Regeln, an die man sich halten müsste, da jeder Künstler seinen eigenen Stil entwickelt;

jedoch gilt es einige Dinge zu berücksichtigen. Oft zeigt Mosaik eine Fächerfigur, die auch dem Hintergrund zu einem Muster verhilft und besonders dann interessant ist, wenn nur in einer Farbe gearbeitet wird. Große Flächen können mit geraden Reihen aus *tesserae* im so genannten „Mauerwerksverband" ausgelegt werden. Ziehen Sie beim Auslegen kreisförmiger Mosaiken immer wieder Hilfslinien mit einem großen Zirkel. Wenn Sie zum Mittelpunkt hin arbeiten, werden schräge Schnitte erforderlich – eine knifflige Arbeit mit zum Teil winzigen Steinchen. Sie können jedoch auch ein großes tesserae-Stück in die Mitte setzen und um dieses herum arbeiten.

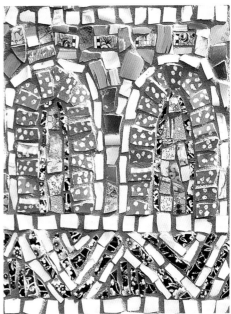

Rhythmus und Vielfalt

Beides sind wesentliche Elemente von Mustern. Wenn *tesserae*-Linien um ein gewähltes Objekt oder eine Themengruppe fließen und dabei Rhythmus und Bewegung in Gang setzen, spricht man von *opus vermiculatum*. Auch mit einer Hintergrund- oder einer individuellen Farbe kann man Bilder umreißen, um sie herauszustellen und in Form und Muster deutlich werden zu lassen. Zwei oder drei um eine Figur gelegte *tesserae*-Linien tragen zur Klarheit der Darstellung bei. Sie können die Linien in bestimmte Richtungen fließen lassen, um das Auge auf oder rund um das Dargestellte zu führen: Hier spricht man von *andamento*.

Zur Erhöhung der Vielfalt innerhalb eines Mosaiks tragen wie zufällig erscheinende Muster bei. Zuweilen braucht man sie, um ungünstige oder asymmetrische Formen auszufüllen. Je nach gewünschter Wirkung können Sie beim Auslegen der *tesserae* die Zwischenräume variieren.

Geometrische Formen eignen sich ideal zur Erzeugung von Rhythmus und

Links Selbst mit quadratischen Mosaik-*tesserae* lassen sich erstaunliche Muster schaffen. Die Kurvenlinien in diesem Stück vermitteln einen starken Eindruck von Bewegung.

Unten links Abwechslung satt dank des Einsatzes von Farbe, Form und reflektierenden wie nicht reflektierenden Materialien.

Unten rechts Eine im maurischen Stil gemusterte und sehr glatt polierte Marmor-Tischfläche von Salvatore Raeli.

werden dabei nicht eintönig. Quadrate oder Rechtecke, Karos, Winkel, Kreise, Wirbel, Spiralen und Mäander – alle schmeicheln an sich dem Auge und erzeugen aus sich heraus Bewegung. Deshalb sind diese Motive auf der ganzen Welt so beliebt.

Schatten setzen

Häufig ergibt sich die Notwendigkeit, Schattenarten zu variieren und deshalb die Farbe zu wechseln. Sie können Farblinien alternierend in Form von „Farbfingern" staffeln oder Schattierungen im Farbton vornehmen, damit der Wechsel nicht zu abrupt ist. Dies geschieht oft in

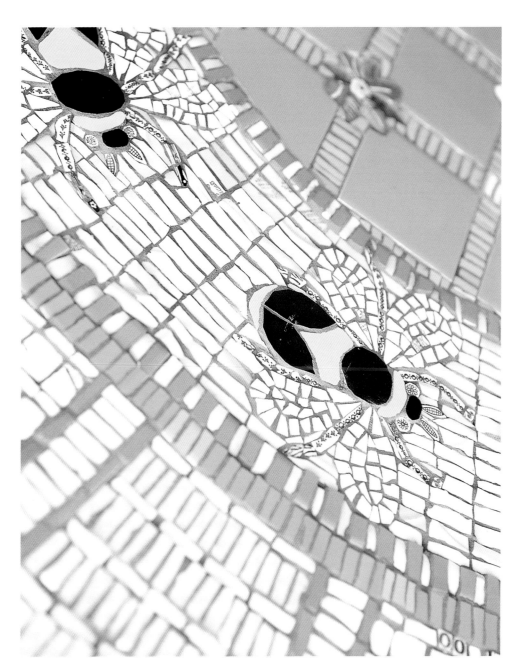

Mustern mit zarten Farben. In gegenständlichen Mosaiken ist ein gewisses Maß an Ausformung und Schattierung unerlässlich; durch Variieren von Größe und/oder Form der Mosaikteilchen sowie von deren Farbe werden beispielsweise die Konturen eines Gesichts (Nase, Augen, Kinn, Brauen), des Körpers und der Gliedmaßen angedeutet – ein Verfahren, das Geschick erfordert. Studieren Sie die Wirkung, indem Sie Ihre Teilchen wie ein Puzzle, ohne jedes Klebemittel, auf einem Stück Pappe auslegen, bis jedes Stück am richtigen Platz ist.

Auch Mörtelfugen tragen ihren Teil zur Entstehung von Rhythmus und Fluss bei. Gerade Linien ergeben einen formalen, strukturierten Effekt, gebogene Linien vermitteln den Eindruck von Bewegung. Breite wie Farbe der Fugenlinien können variieren.

Rechts *Arch Air Condensed:* Bienen in einem aus wiederverwendeten Geschirrteilen von Cleo Mussi gestalteten Mosaik. Die Hintergrundmuster sind so lebendig wie die Bienen selbst.

Unten Licht fällt auf Augen und Nase des geheimnisvollen Halbporträts – Kunstfertigkeit pur, vermittelt durch den abwechslungsreichen Einsatz von Muster und Farbe.

Mit Textur arbeiten

Bei der Textur handelt es sich um einen der interessantesten und aufregendsten Aspekte des Mosaiks. Da es ein dreidimensionales, greif- und fühlbares Medium ist, hat es allein schon dadurch Tiefe und Charakter. Selbst wenn Sie an einem flachen Paneel arbeiten, variieren Smalti, Keramik- oder Glas-*tesserae* doch in der Höhe; außerdem können Sie viele weitere Materialien einsetzen, um zu den unterschiedlichsten Mosaikoberflächen zu gelangen.

Jedes Material verfügt über ganz spezielle Eigenschaften. Ton- und Keramikfliesen sind eben, weisen aber eine leichte organische Rauheit auf. Metall ist hart und kantig; Holz ist rau, fühlt sich aber warm an. Stein ist glatter und wirkt kühler, während Smalten und Glas-*tesserae* am meisten auf Licht ansprechen.

Gemischte Materialien

Mit einer Kombination aus zwei oder mehr unterschiedlichen Materialien lässt sich jede gewünschte texturale Wirkung erzielen. Das Einarbeiten von Bruchporzellan-Stücken in eine ansonsten einfarbige Darstellung sorgt nicht nur für Farbe und Muster: die Stücke haben eine

Ganz links Detail eines Mosaik-Gartensitzes von Celia Gregory. Die Rückenlehne wird von Naturstein gerahmt.

Links Irisierende Perlen, Muscheln und Glasfliesen leisten ihren Beitrag zu diesem aufregenden Kopf von Takako Shimizu.

Oben Sehr subtil sind die Varietäten von ausgewaschenem Glas an diesem Spiegelrahmen
von Celia Gregory. Das Glasmaterial hat eine
unebene Oberflächenstruktur. Im Mosaik
verarbeitet wurden auch Stücke, die zum Teil
von Geschirr aus der Tudor-Zeit stammen.

Links Die Nahaufnahme von Norma Vondees
schönem Paneel (S. 39) zeigt, wie raffiniert die
Künstlerin – unter Verwendung von geriffel-
tem Glas gemeinsam mit rauen und glatten
Keramikfliesen – die scharfe, stachelige Textur
des Ananasstrunks veranschaulichen konnte.

andere Textur, und die Bruchkanten
setzen raue Inseln in eine ebene Oberfläche. Sie können leicht texturierte
Keramik mit glattem Glas oder auch
Metall mit Stein in Kontrast setzen. Zu
viele unterschiedliche Materialien sollten Sie allerdings auch nicht wählen: zu
Gunsten der Klarheit des Motivs.

Ambiente

Entscheiden Sie über die Textur im Hinblick auf den Zweck des Mosaiks. Ein
Spritzschutz, eine Küchenanrichte oder
eine Schranktür müssen Fett und Wasser
abweisend sein. Ein Fußboden oder Gar-
tenweg sollte weder rutschig noch uneben sein, damit niemand ins Stolpern
kommt. Bei der Wahl der Textur gibt
es auch einen ästhetischen Aspekt: Sie

muss zu ihrer Umgebung passen. Für
eine Bauernhausküche mag eine rauere
Textur angemessen sein; einem klassischen Ambiente steht Glätte besser.
Metallische Härte passt ideal zu einer
zeitgemäßen Loft-Einrichtung. Steine
und Kiesel sind im Garten die richtige
Wahl.

Mosaikeinfassungen

Um das Auge zufrieden zu stellen, benötigen Mosaikdekore oft einen „Abschluss". Nicht zuletzt, weil sie dreidimensional sind, verlangen sie nach einer Art Rahmung. Im Laufe der Jahre hat sich eine Vielfalt von stilistischen Möglichkeiten für Mosaikeinfassungen herausgebildet. Eine solche Einfassung kann sogar zur Hauptattraktion Ihrer Arbeit werden, indem Sie ein schlicht gehaltenes zentrales Feld mit einer auffallenden Umrandung versehen.

Die Griechen und Römer hatten Musterbücher, nach deren Vorlagen sie arbeiteten. Viele der heute beliebtesten Muster lassen sich bis auf jene Zeiten zurückverfolgen, und einige finden Sie auf diesen Seiten abgebildet. Sie gelten als traditionell, doch besonders wirkungsvoll und lassen sich gut in Mosaik umsetzen. Man kann die Vorlagen aktualisieren und in einem moderneren Stil ausführen.

Der richtige Rahmen

Entscheiden Sie hierbei nach den gleichen Kiterien wie bei der Auswahl eines Bilderrahmens. Er soll die Wirkung des Hauptmotivs steigern, ohne von diesem abzulenken. Es ist ratsam, den Rahmen schlicht zu halten und Farben zu wählen, die denen des Bildes verwandt, aber nicht zu hell sind.

Alternativ können Sie das zentrale Muster ruhig und dezent, also im Wesentlichen einfarbig (z.B. nur drei oder fünf Schattierungen einer Farbe) gestalten und alle Spannung in eine breite Umrandung mit kräftigen Farben, unterschiedlichen Materialien und einem ausgeprägten Muster legen. Bevor Sie sich aber entscheiden, fertigen Sie eine farbige Papierskizze an und schauen Sie, ob das Ergebnis Ihnen zusagt.

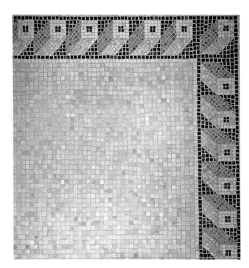
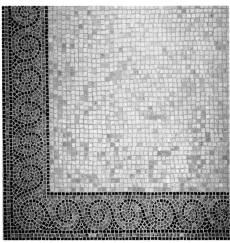

Links, im Uhrzeigersinn von links oben Steinmosaiken mit traditionellen Umrandungsmustern: Guilloche- oder Zopfmuster, „Ishtar"-Muster, ein typisch griechisches Mäandermuster sowie eine Volute im vitruvianischen Stil. Obgleich diese Muster schon sehr alt sind, werden sie weiterhin häufig verwendet und passen zu vielen Stilarten des heutigen Mosaiks.

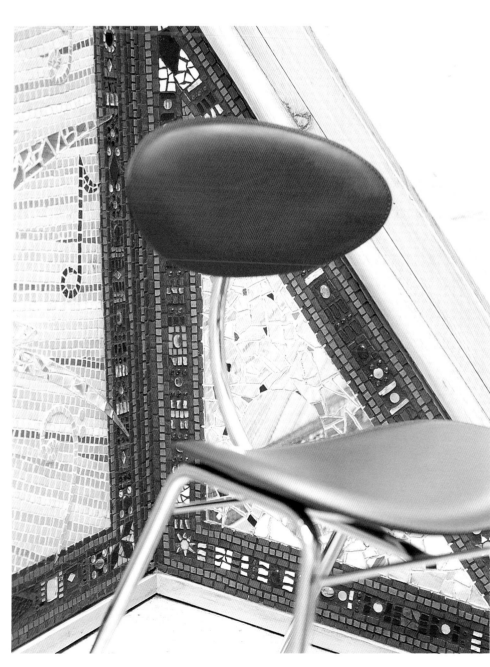

Ganz oben, links Ökonomie der Mittel – ein helles Zentralpaneel, eingefasst von einem kontrastierenden, dunklen Rahmen mit keltisch inspiriertem Zopfmuster, von Celia Gregory.

Ganz oben, rechts Einfarbige Fliesen werden von einem dekorativen Mosaikrand mit wellenähnlichem Muster gerahmt.

Oben Brillant gemusterter Rand eines Marmortischs von Salvatore Raeli.

Rechts Prachtvoller, wie mit Edelsteinen besetzter Randdekor, dessen Farben durch schwarzen Fugenmörtel noch intensiviert werden. Er wurde von Celia Gregory aus rotem Industriemosaik mit dazwischengelegten Mustern aus Spiegelglas, Glas-Schmucksteinen und verschiedenfarbigen Fliesen aufgebaut.

Wände und Fußböden

Mosaik am Bau

Künstler und Architekten haben auf der ganzen Welt Gebäudefassaden mit großformatigen, dekorativen Mosaiken versehen, um sie lebendiger aussehen oder strenge Linien weicher wirken zu lassen. U-Bahn-Stationen, Hochhäuser und große Außenwände werden häufig mit Mosaik verkleidet. Schlichte Fassaden gewinnen durch künstlerische Entwürfe plastische Qualität.

Gaudí

Antoni Gaudí (1852–1926) hat viele Häuser und Wohnblöcke in Barcelona und Umgebung entworfen, deren Wände, Balkone und Dächer sich wie ein Ozean aus Mosaikfliesen in wellenartigem Auf und Ab darstellen. Seine Arbeiten sind praktisch und wetterbeständig. Gaudí hat das Mosaik auf eine Weise eingesetzt, die es nicht nur zur bloßen Dekoration, sondern zu einem wesentlichen Bestandteil der Konstruktion werden ließ. Eine solch enge Verschmelzung von Form und Funktion, in der beide nicht mehr zu trennen sind, ist typisch für die Kunstbewegungen des späten 19. und frühen 20. Jahrhunderts, einer Epoche, in der das Mosaik eine neue Blüte erlebte. Gaudí übt immer noch einen erheblichen Einfluss auf heutige Mosaikkünstler aus.

Hundertwasser

Die *Jugendstil*-Bewegung, die in Konkurrenz zum Art nouveau stand, ist eine der Inspirationsquellen für den österreichischen Künstler und Architekten Friedensreich Hundertwasser (1928–2000). Der für seine Gesamtkunstwerke bekannte Maler bezieht Anregungen aus der Natur und dekoriert mit künstlerischen Mitteln große Oberflächen in lebhaften Farben. Mitte der 1980er Jahre entwarf er in Wien das exzentri-

Links Details aus einer von Hundertwasser gestalteten Mosaikfassade in Wien.

sche *Hundertwasserhaus*, das eine ständige Ausstellung seiner Malerei beherbergt. Zwei existierende Häuser wurden in den Neuentwurf integriert. Seine bizarre Mosaikfassade zieht ständig ganze Busladungen von Bewunderern an.

Neben anderen Besonderheiten weist das Haus wellenförmige Wände, venezianische Balkone, Zwiebeltürme, Bäume, die augenscheinlich aus den Wänden sprießen, sowie unregelmäßig geformte Mosaikflecken auf. Das Haus wurde nach ökologischen Gesichtspunkten entworfen und setzt somit nicht nur in künstlerischer Hinsicht neue Standards.

La Défense

Dies ist ein bemerkenswertes Geschäftsviertel in Paris, in dem Architekten und Designer viel Aufmerksamkeit auf die Oberflächendekoration verwendet haben. Es gibt eine große Anzahl von Bürogebäuden und Brunnenanlagen, die mit Mosaik bedeckt sind.

Oben Großer Schornsteinaufsatz, von Antoni Gaudí für die Casa Miló in Barcelona entworfen.

Links Lebendige Mosaikfliesen verkleiden eine Gruppe von Bürogebäuden und Wasseranlagen im La-Défense-Viertel in Paris.

Außenwände

Große, karge Fassaden reizen den Mosaizisten besonders, dessen strapazierfähiges, wetterbeständiges Medium hier am rechten Ort ist. Der Wunsch, die Außenwände des Hauses, die Mauer, die Ihren Garten von dem des Nachbarn trennt, oder eine niedrige Trennmauer zwischen Blumen- und Kräuterbeet zu verzieren, kommt schnell auf. Die Natur selbst dient als Hauptthema.

Unten links **Wandbrunnen von Cleo Mussi, gefertigt aus wiederverwendeter Keramik.**

Unten Mitte **Ein stilisiertes Baum-Mosaik von Elaine M. Goodwin lässt den fehlenden echten Baum in diesem kleinen Patio nicht so sehr vermissen.**

Unten rechts **Ein aus gemusterter Keramik gefertigtes Paneel. Manche der wie ausgeschnitten wirkenden Muster sind erhöht gesetzt, um noch mehr Wirkung zu erzielen.**

Zunächst ist zu bedenken, dass jedes zu einem festen Bestandteil der Mauer gewordene Mosaik nicht mehr zu entfernen ist, sollten Sie einmal umziehen. Und nicht jeder potenzielle Käufer wird der von Ihnen geliebten Szenerie aus Meerestieren, Insekten oder was auch immer dieselbe Freude abgewinnen.

Maison Picassiette

Solche Erwägungen konnten den Franzosen Raymond Isidore jedoch nicht im Mindesten abschrecken. Zwischen 1930 und 1962 versah er die gesamte Außenseite seines bescheidenen Heims in Chartres, rue du Repos 22, mit Mosaik aus Stückchen von Glas und zerbroche-

nem Geschirr. Dargestellt in Lebensgröße sind er selbst, seine Frau und Familie sowie Blumen, Vierbeiner, Vögel und Schmetterlinge. Nicht zufrieden mit der Verzierung der Außenseite, verschönerte Isidore Innenwände, Zimmerdecken und sogar Möbel mit allem, was er bei Spaziergängen und im Schrott so finden konnte.

Mauern

Nichts vermochte Isidore von seinem Weg abzubringen; für weniger Besessene hingegen kann das Arbeiten an Mauern problematisch sein. Häufiger als Innenwände sind sie rau und uneben, besonders alte Gartenmauern. Ein gewisses

Maß an Unebenheit stellt kein Problem dar; eine Beule oder Delle kann sogar zum Ausgangspunkt eines Entwurfs und zu einem zentralen Punkt der Darstellung werden.

Von wirklich baufälligen Mauern sollte der Mosaizist die Hände lassen, es sei denn, man scheue die Kosten einer Reparatur oder eines Neuaufbaus nicht. Auf glatte und gut erhaltene Mauern aufgebracht, vermag Mosaik dem Garten echtes Flair zu vermitteln. Verwenden Sie immer wasserdichte Materialien wie Stein, Glas oder frostbeständige Keramik.

Oben Die „Fensterrosette", Teil des Gartens in der außergewöhnlichen Maison Picassiette, Ergebnis der lebenslangen Arbeit von Raymond Isidore.

Links Kleine Mosaikmauer um einen Gartenteich. Der Keramikbruch sitzt auf einem wasserfesten Gemisch aus Klebstoff und Mörtel, verarbeitet mit Gartenerde und Teichwasser.

Die Ausgestaltung eines Patios

Selbst wenn Sie kein großer Gärtner sind, können Sie es mit Hilfe von Mosaik zu einem immergrünen, immerfarbigen Garten bringen, um den Sie sich nicht kümmern müssen und in dem nichts verblüht. Viel beschäftigte Leute, die vielleicht über einen kleinen Stadtgarten, einen Patio oder eine Dachterrasse verfügen, können diese mit einem Wandmosaik oder einem Mosaikpaneel als Hauptattraktion ungemein aufwerten. Mit Mosaik lassen sich Gärten höchst dekorativ in unterschiedliche Flächen oder Räume abteilen.

Die aktuelle Garten- und Landschaftsgestaltung bezieht das Mosaik mit ein. Um eine Raumillusion zu erzeugen, setzen Sie eine Mauer aus glänzendem Mosaik ans Ende des Gartens oder verwandeln Sie einen hässlichen Schuppen, indem Sie ihn teilweise oder ganz mit einem hübschen, zarten Blättermosaik bedecken.

Gartengestalter lenken gern das Auge auf bestimmte Gartenbereiche durch gliedernde Strukturen wie Sitzgelegenheiten, Aussichtspunkte, Pergolen oder Sommerhäuser. Aus fertig gekauften Accessoires lassen sich mittels Mosaikschmuck (Paneele oder Medaillons) individuelle Schaustücke machen.

Sollte im Garten gar eine Grotte aus Stein oder Beton vorhanden sein, lässt sich diese in ein Zauberreich verwandeln, indem man die Wände in ihrer kühlen, dunklen Tiefe mit Spiegelmosaik in Form von Sternen oder Monden besetzt.

Oben links **Eine grafische Mosaiksonne und -blumen lassen diese dekorative Gartenmauer leuchten.**

Links **Essbereich im Freien mit einem Mosaikfries von Celia Gregory.**

Gegenüber *La Via è incerta/Der Weg ist unsicher:* **Eine Baum-Metapher von Elaine M. Goodwin für einen kontemplativen Gartenbereich.**

Innenwände

Ideale Präsentationsflächen für Mosaik sind die Wände im Haus, die man vollständig bedecken oder mit kleinen, aufgesetzten Mosaikarbeiten gliedern kann. Mosaik passt nahezu überall hin, hat seinen idealen Standort aber in viel genutzen Bereichen wie der Diele, im Wintergarten oder auf der Veranda, in der Küche oder im Badezimmer.

Unten *The Sublime Wall/Die erhabene Mauer*, geschaffen von Robert Grace aus unterschiedlich großen Mosaikfliesen auf Bögen in der Gallery of Mosaic Art and Design.

Ganze Wände in Mosaik können fantastisch aussehen. Bei der Planung einer solchen Anlage ist darauf zu achten, dass die einzelnen Elemente in der Größenordnung zu ihrer Umgebung passen. Im Badezimmer (rechts) setzt sich die gestaltete Wand aus kleinern Mustern zusammen, die vom Auge aus der Nähe aufgenommen werden können – man muss nicht zurücktreten, um das Ganze in Augenschein zu nehmen. Die unterschiedlichsten dekorativen Schemata sind möglich: von ruhig und intim bis zu auffallend und gewagt.

Grundlegendes

Falls Sie Mosaik direkt auf eine Innenwand aufbringen wollen, prüfen Sie zunächst, ob diese massiv genug ist, um das Gewicht von Mosaik und Mörtel zu tragen. Schauen Sie sich sodann gründlich die Wandoberfläche an. Diese muss nicht in allerbestem Zustand, aber sie muss eben sein. Leuchten Sie vor Arbeitsbeginn die Wand mit einer Taschenlampe ab, um Unebenheiten aufzuspüren.

Spiegel

In vielen Häusern oder Appartements sind Badezimmer recht klein. Der Einsatz von Spiegelglas ist bekanntermaßen ein geeignetes Mittel, um einen Raum viel größer erscheinen zu lassen, als er tatsächlich ist. Durch das Verteilen einzelner Spiegelinseln wird eine erschlagende Wirkung vermieden, ohne dass die gewünschte Raumillusion verloren ginge.

Gegenüber Überzeugendes Mosaik für ein Badezimmer im marokkanischen Stil, reich an satter Farbe, Rhythmus und Muster, gestaltet von Greg Williams.

Wände

Rechts Detail des Spiegelglasballs mit Noten aus Celia Gregorys Mosaik darunter.

Unten Die Dynamik dieses Mosaikbildes sorgt für gute Laune schon beim Frühstück.

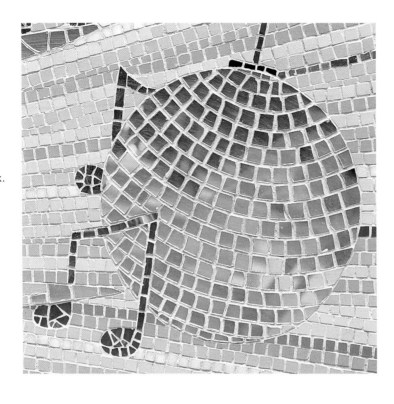

Vorbereitung der Wand

Oberflächen müssen nicht in allerbestem Zustand, jedoch unbedingt eben sein. Aufgebrachtes Mosaik verbirgt nicht etwa eine Unebenheit, sondern hebt sie geradezu hervor, sodass das Ergebnis nur enttäuschen kann.

In solchen Fällen gibt es zwei Möglichkeiten. Entweder man präpariert und glättet die Wand vor dem Aufbringen des Mosaiks oder man fertigt dieses in Form einer Tafel oder mehrerer Paneele an, die man wie Bilder an die Wand hängen kann.

Von einer Wand, die sich in wirklich schlechtem Zustand befindet, muss jegliches Papier unter Dampf entfernt und fehlerhafter Gips beseitigt werden. Machen Sie neuen Gips an und geben Sie

Badezimmer

ihn auf die betroffene Stelle, sodass der Übergang zu dem einwandfreien Teil stufenlos erfolgt.

Lassen Sie gründlich trocknen (mindestens 24 Stunden bei warmer, trockener Luft; länger in kühler und feuchter Umgebung), glätten Sie dann mittels feinen Sandpapiers, sodass neuer und alter Gips sich vollkommen glatt miteinander verbinden.

Badezimmer

Für Mosaiken in Badezimmern bieten sich Stein-, Marmor- und Keramikfliesen als Material an, da sie wasserdicht sind und in großer Auswahl vorliegen.

Einen starken Auftritt hat ein Mosaik aus Spiegelglas. Nicht nur bringt das Glitzern des Materials einen Hauch von Hollywood ins Badezimmer und lässt die tägliche Dusche und das Zähneputzen zu einem besonderen Vergnügen werden. Es reflektiert auch auf wunderbare Weise das Licht – in einem Raum, in dem natürliches Licht meist Mangelware ist, fast eine Notwendigkeit.

Wenn von einer bewegten Wasserfläche Lichtwellen auf das Mosaik treffen, wird die Bewegung wiederum in ständig wechselnden Mustern zurück auf andere Wände, die Decke und den Boden geworfen, was dem Raum noch mehr Helligkeit und Rhythmus vermittelt.

Rechts Die Wandverkleidung aus kleinen Marmorquadraten geht mit dem aus einem massiven Marmorblock geschnittenen Becken eine perfekte Einheit ein. Hier verbinden sich traditionelle Materialien und moderne Designelemente.

Dekorative Paneele und Friese

Dekorative Paneele, die von der Arbeitsfläche leicht zu handhaben und für den Anfänger als Projekt überschaubar sind, finden ihren Platz im Innenraum wie im Freien. Sie können in eine Struktur eingegliedert oder auch frei stehend belassen werden. Im Falle eines Umzugs oder wenn Sie Ihren Raum neu dekorieren möchten, bietet ein transportables Stück die bessere Alternative.

Unten links *Dreiecke:* Ein unverfugtes, gerahmtes Bild aus Industriemosaiksteinen von Emma Biggs. Die schwarzen und weißen Dreiecke verleihen diesem unregelmäßig und asymmetrisch gestalteten Mosaik Intensität.

Unten rechts Wassersujets passen optimal zu diesem Mosaikspritzschutz für Küche oder Badezimmer.

Da die große Stärke des Mosaiks seine Wirkung ist, könnte eine vollständig mit Mosaik bedeckte Wand mehr davon bieten als Ihnen vielleicht lieb ist. Die ideale Lösung besteht also in einem dekorativen, im Hinblick auf seine Umgebung oder die Wünsche der Besitzer entworfenen Paneel.

Selbst standardisierte Küchenelemente oder eine Anrichte verwandeln sich durch Mosaikeinsätze in etwas Einzigartiges. Auch als Spritzschutz für Herde, die Küchenspüle oder das Waschbecken eignet sich Mosaik ideal.

In diesen Fällen empfiehlt sich ein sachliches geometrisches Muster: In einer Küche machen sich einfache Karos oder schlichte Farben mit Umrandung gut; im Badezimmern ließe sich die Bewegung von Wellen und Wasser andeuten; ins Schlafzimmer passt ein Gittermuster in ruhigen Farben. Wenn Sie auf Persönliches aus sind, denken Sie sich ein Bild aus, das das Farbschema des Zimmers aufnimmt, jedoch Elemente einschließt, die mit Ihnen und Ihrer Familie zu tun haben wie Ihre Initialen, eine Lieblingsblume oder ein Sportabzeichen.

Wenn der Zustand der Wände für das Einsetzen eines Paneels nicht gut genug ist, bietet sich ein frei stehendes Bild Alternative an. Mit einem in das Design integrierten Rahmenmuster findet jedes Mosaik seinen krönenden Abschluss. Noch eindrucksvoller wirkt Ihr Kunstwerk, wenn Sie es vor der Aufstellung mit einem Bilderrahmen versehen.

Bänder und Friese

Manchmal genügt ein minimaler Dekorationsaufwand, um einen Haus- oder Gartenbereich zu verwandeln. Wirkungsvoller als ein größeres Element können in kleinen Räumen wie einer Garderobe oder einem Badezimmer ein Fries oder schmales Band sein; dies gilt durchaus auch für eine Veranda oder eine Diele, wo eine zu große dekorative Vielgestalt im regen Kommen und Gehen nur zu leicht übersehen wird. Ein Friesrand hingegen kann das Treppengeländer an der gegenüberliegenden Wand wie ein Schattenbild aufnehmen, eine kleine Küche schmücken oder die Eingangstür und das Gartentor rahmen – außen wie innen. Ein schmales Friesband zeichnet die Umrisse eines Fensters nach (besonders reizvoll im Falle einer runden Fensteröffnung), es findet sich an einer Kaminverkleidung oder am Kaminsims.

Genauso wirkungsvoll macht sich ein Fries auf dem Fußboden. Ein schlichtes Band bildet die ideale Rahmung für eine Feuerstelle oder einen Treppenantritt – auch hier im Hausinnern wie im Freien. Als Einfassung eines Gartenwegs präsentiert sich Mosaik wie eine visuelle Einladung, den Garten zu betreten, herumzuschlendern und sich an seinen Blumen, Farben, Gerüchen und am stillen grünen Frieden zu erfreuen.

Oben links Noch mehr Dekoration als dieses frei stehende Mosaikpaneel braucht der Alkoven nicht. Die Farben antworten auf den Bronzeton der Einrichtungsgegenstände.

Oben rechts *Gates of the Living/Tore des Lebendigen:* Höchste Wirkung bei geringstem dekorativem Aufwand führt dieses elegante Paneel von Elaine M. Goodwin vor.

Abstraktes Mosaik-Bild

In diesem Vorhaben kommt der Raumwirkung große Bedeutung zu; die Fliesen wurden eng aneinander gelegt, damit die Farben so direkt wie möglich miteinander in Beziehung treten können. Ist ein Mosaik in zahlreichen Farbtönen angelegt, kann ein einfarbiger Fugenmörtel die Farbigkeit wohl tuend dämpfen. Hier dagegen darf ein unverfugtes Arbeitsstück seine ganze Leuchtkraft an den Tag legen. Bei einem Wandbild, das seinen Platz innerhalb des Hauses hat, kann durchaus auf Fugenmörtel verzichtet werden.

Materialien und Werkzeug

- Industriemosaik-Steinchen in verschiedenen Farben
- Buntstifte zum Skizzieren in den Farben des Mosaikmaterials
- Zeichenpapier
- Pauspapier
- Mosaikzange
- MDF-Platte (mitteldichte Faserplatte), 50 x 50 cm

- schwarzer Filzstift
- Markerstifte
- Holzbeize oder -farbe und Pinsel
- Weißleim
- kleine Bürste zum Auftragen des Leims

Unten Schattierungen von Grau, Schwarz, Blau und Weiß bilden Farbblöcke innerhalb des Gitters. Farbblöcke, die diese überlagern, ändern den Farbton. Tonwert und Farbe der „Leitern" ändern sich ihrerseits je nach dem Block, den sie überschneiden.

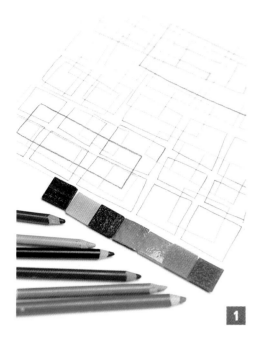

1 Verwenden Sie für Ihre Skizze zu den vorgeschlagenen Farben die farblich passenden Buntstifte; dies ermöglicht Ihnen die Anfertigung einer akkuraten Vorlage. Da es sich hier um ein recht komplexes Schema handelt, wurde der Farbskizze eine exakte Linienzeichnung zu Grunde gelegt.

2 Zeichnen Sie eine genaue Farbskizze. Um eine gute Vorstellung von der Wirkung der verschiedenen Farbblöcke zu gewinnen, legen Sie Pauspapier über die Linienzeichnung und füllen Sie die farbigen Stellen aus. Schneiden Sie die Mosaiksteinchen in den Farben Ihrer Wahl zurecht.

3 Zeichnen Sie die Grundlinien Ihres Entwurfs auf das Holzbrett. Mehr Einzelheiten, als hier zu sehen sind, brauchen Sie nicht anzugeben. Das in Segmente geteilte Muster wird mit schwarzem Filzstift, die „Leitern" werden mit farbigem Markerstift skizziert.

4 Streichen oder lasieren Sie den Holzrahmen, bevor Sie mit dem Aufkleben der Fliesen beginnen.

5 Kleben Sie die Steinchen auf. Achten Sie darauf, den Weißleim in der richtigen Konsistenz aufzutragen. Ist die Schicht zu dünn, halten die Steinchen nicht; ist sie zu dick,

dringt der Leim durch die Fugen durch bis an die Oberfläche. Beginnen Sie mit den farbigen Leiterfiguren.

6 Das Prinzip hinter diesem verschachtelten Design ist das der Farbtonwechsel. Sortieren Sie die Teilchen nach Farbtönen von größerer oder geringerer Intensität. Hier wird gerade eines der letzten blauen und grünen Kästchen ausgelegt. Durch Anwendung der direkten Methode entsteht eine leicht wellige, Licht reflektierende Oberfläche. Obgleich die Fugen in Nahaufnahme zu sehen sind, lenken sie doch keineswegs von der Gesamtwirkung des vollendeten Stücks ab.

Schwimmbäder in Mosaik

Mosaik findet sich häufig in der Nähe von Wasser – im Haus wie im Freien. Bäder, Spas und Pools sind fast durchwegs mit Mosaik dekoriert. Der private Swimmingpool stellt für die meisten immer noch einen unerschwinglichen Luxus dar; dem glücklichen Besitzer tut sich aber ein weites Feld an Möglichkeiten auf, mit Mosaik zu gestalten. Stilistisch reichen diese von der klassischen Antike über Türkische Bäder bis zur Moderne.

Die meisten – privaten oder öffentlichen – Schwimmbäder zeigen zumindest ein dekoratives Mosaik-Element. Dieses ist auf Säulen oder Pfeilern, auf der Umrandung am Boden außerhalb des Schwimmbades, auf einer in der Nähe gelegenen Treppe, auf Fliesen oberhalb der Wasserfläche, innerhalb des Pools am Boden oder an den Seitenwänden zu finden. Seine Wasserdichtigkeit und Haltbarkeit sowie eine visuelle Affinität zu Wasser prädestinieren Mosaik für einen solchen Einsatz.

Pool-Gestalter lassen sich ganz augenfällig von römischen Bädern inspirieren. Mythologische Gestalten wie Neptun, Seeschlangen, Wassernymphen und Nixen eignen sich gut als Mosaikmotive. Geometrische Muster und Einfassungen passen in eine solche klassische Anlage. Schwimmbäder mit hohen Decken, die mit Mosaik oder Marmor dekoriert sind, fordern beinahe den Vergleich mit den Ehrfurcht gebietenden byzantinischen Kathedralendecken in ihrer überwältigenden Pracht und Schönheit heraus.

Blau und Grün sind passende Farben für die Fliesen, von denen auch das Wasser seinen Farbton erhält. Figürliche

Links Ein in Blau gehaltener Säulendekor bringt die Säulen farblich mit dem Schwimmbecken zusammen, indem er den optischen Übergang vom gebrochenen Weiß zum Blau harmonisch überspielt.

Links und unten Dieser herrliche Indoor-Pool gewinnt durch die Mosaiken von Celia Gregory noch dazu. Die cremefarbenen Wände sowie die Naturtöne des Steinfußbodens lassen das Grünblau des Wassers besonders einladend erscheinen und bieten ein gutes Umfeld für das Mosaikpaneel und die Mosaikvase. Die schlichte Einfassung ist in den luxuriösen Marmorboden einbezogen. Sie folgt dem Schwimmbadrand und betont dessen Form.

Motive auf dem Boden des Pools oder an den Seiten sollten groß genug sein, um die durch das Wasser verursachte Brechung und Verzerrungen auszugleichen.

Alte viktorianische Schwimm- und Dampfbäder waren mit schön bemalten Keramik- sowie einigen Mosaikfliesen dekoriert; moderne Pools säumt heute hauptsächlich Industriemosaik vom Bo-

gen in brillanten Farben und mit oft komplizierten Mustern. Die größer werdende Auswahl an Mosaikfliesen lässt die Gestaltungsmöglichkeiten immer vielfältiger werden.

Für das Verlegen von Mosaikfliesen in Pools sind ein Grundbelag aus einer Sand-Zement-Mischung sowie ein frostbeständiges und wasserundurchlässiges Klebemittel auf Zement-Basis erforder-

lich. Gearbeitet wird nach der direkten und indirekten Methode, aber nicht auf Netz (vgl. Seite 149 ff.). Empfohlen werden bei Anwendung der direkten Methode frostbeständige glasierte und unglasierte Keramikfliesen sowie Industriemosaik und unglasierte Fliesen und Steine bei der indirekten Methode. Für Unterwasser-Mosaiken eignet sich Epoxidharzkleber.

Mosaik im Außenbereich

Ob Ihr Garten nun groß, klein oder mittelgroß ist – mit ziemlicher Sicherheit weist er feste Oberflächen auf, die nach einer Gestaltung verlangen. Mosaik ist das geeignete Medium, um eine individuelle und dabei praktische Bodenfläche zu erhalten. Es ist so flexibel, dass Sie es in Konkurrenz zu den auffallendsten Blumen treten lassen oder damit einfach verschiedene Gartenbereiche voneinander abgrenzen können. Kombinieren Sie Naturkiesel, Pflastersteine, Fliesen oder Steinmaterialien miteinander.

Unten links Dieser Patio-Fußboden zeigt ein Mosaik in verschiedenen Schattierungen aus Terrakotta-Teilchen; die Einfassungen der Blumenbeete sind mit zerschlagenen blauen Keramikfliesen bedeckt.

Unten rechts Mosaik im Renaissance-Stil in Dumbarton Oaks, Washington DC.

Gegenüber Eine ungewöhnliche Wasseranlage in Verbindung mit Steinmosaik.

Immer größerer Beliebtheit erfreut sich Mosaik im Garten, wo es sich in das Gesamtbild einfügen oder als ein wesentliches Element ganz für sich stehen kann. Falls Sie mit Mosaik auf Böden im Freien arbeiten wollen, machen Sie sich kundig über die Möglichkeiten, Regenwasser von einer begehbaren Fläche abzuführen. Die Lösung besteht in einem „Gefälle", um die Fläche gut zu drainieren.

Mosaik passt zum natürlichen Licht der Außenwelt, verschmilzt mit Pflanzen, hält lange und kann, da wasserdicht, ausgiebig im Garten Verwendung finden.

Bodenflächen

In pflegeleichten Gärten kommen Mosaikböden und -wege besonders dekorativ zur Geltung. Andere Gartenaccessoires wie Töpfe, Stützmauern, integrierte Sitzgelegenheiten oder Brunnen treten, versehen mit Mosaik, in Wechselwirkung mit dem Bodenbelag.

Stein- und Kieselmosaiken sind vorzüglich geeignet, große Bodenflächen zu bedecken; kleinere werden durch Bruchkeramik-Fliesen belebt. Bringen Sie mit Hilfe von Mosaikquadraten Farbe in einen Patio oder gestalten Sie in einem größeren, formalen Garten eine Mosaikpiazza oder einen Hofgarten.

Fußboden mit Schlangen- und Leiter-Motiven

Dies ist ein interaktives Mosaikspiel für Kinder jeden Alters und für Erwachsene. Entworfen und angefertigt wurde es mit Unterstützung durch Norma Vondee von einer Kindergruppe im Alter von 11 bis 16 Jahren. Es steht in einer alten Tradition von Mosaikspielen und -puzzles. Der Hintergrund ist schnell und leicht zu arbeiten, sodass man sich ganz auf die lebhaften Farben und auf die Darstellung der sich windenden Schlangen konzentrieren kann. Wenn Sie wollen, können Sie einen Rand aus blauen Steinchen um das fertige Stück legen, dessen Größe im Übrigen so variiert werden kann, dass es in Ihren Garten oder – wie hier – in einen Patio passt.

Materialien und Werkzeug

- Papier
- Filzstifte
- Bandmaß
- Schere
- dicker Markerstift
- klare Plastikfolie
- Glasfasernetz
- Mosaikzange
- Industriemosaik
- Weißleim (wasserresistent)
- Gummihandschuhe
- Säurereiniger
- schwarzes Färbemittel (Pigmentfarbe)
- Fliesenkleber auf Zementbasis
- Zahnspachtel
- Sand
- Zement

1 Zeichnen Sie einen Plan des gesamten Spielbretts. Machen Sie ein Probespiel, um zu sehen, ob es funktioniert.

2 Messen Sie eine der zu bedeckenden Bodenplatten aus und schneiden Sie 25 entsprechende Papierstücke zurecht. Falten Sie diese zu Vierteln und markieren Sie die Abschnitte. Dies sind Ihre 100 Spielequadrate.

3 Übertragen Sie die Entwürfe Ihrer Figuren mit dickem Markerstift auf das Papier.

4 Decken Sie die Vorderseite eines jeden Quadrats mit einem passend zugeschnittenen Stück Plastikfolie und einem Stück Netz ab.

5 Legen Sie die Außenlinie jedes der 100 Quadrate mit halbierten, matt-schwarzen Mosaikteilchen aus und kleben Sie diese mit dem Weißleim auf das Netz. Verwenden Sie für die Zahlen Viertel- und für die Schlangen Halb- und Viertel-Steinchen.

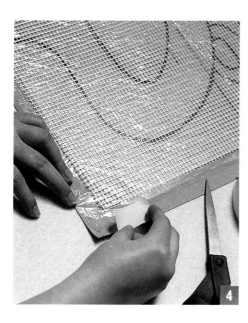

6 Füllen Sie die Innenräume der Schlangen und Leitern mit Steinchen in leuchtenden Farben Ihrer Wahl aus.

7 Die Quadrate mit geraden Zahlen erhalten einen Hintergrund in Weiß, die mit den ungeraden Zahlen einen in Blautönen. Lassen Sie alles über Nacht trocknen, drehen Sie dann die Quadrate um, entfernen das Papier und die Plastik-Schutzfolie und warten Sie, bis alles vollkommen trocken ist. Vergewissern Sie sich, dass sämtliche Teile gut auf dem Glasfasernetz kleben und befestigen Sie eventuell abgegangene neu.

8 Ziehen Sie Handschuhe an, reinigen Sie alle Bodenplatten mit einem Säurereiniger und spülen Sie gut nach. Geben Sie dem Zementkleber gemäß der Herstelleranweisung ein schwarzes Färbemittel zu und tragen Sie auf jedes Quadrat eine dünne, gleichmäßige Schicht mit Hilfe eines Zahnspachtels auf.

Rechts Bei direkten Mosaik-Verlegetechniken wird das Material unmittelbar auf die Arbeitsfläche gelegt. Dieses Schlangen- und Leitern-Mosaik wurde aber unter Anwendung der indirekten Methode gefertigt. Bei den indirekten Techniken wird abseits vom Standort auf Netz oder Papier gearbeitet und das Mosaik später eingepasst. Die Fliesen werden auf Netz verlegt, dieses wird sodann auf den Patioboden gelegt und verfugt. Es sind auch andere Oberflächen beziehungsweise Untergründe denkbar (wie etwa Pflaster); achten Sie aber darauf, dass diese flach und gleichmäßig sind.

Rechts   Die Spieler würfeln, bevor sie sich auf dem Brett bewegen; wenn Sie auf einer Leiter landen, steigen sie zum Quadrat am Ende der Leiter auf; landen sie auf einer Schlange, geht's rückwärts wieder zurück.

Schlangen und Leitern

9 Lassen Sie Lücken beim abschnittweisen Verlegen. Kennzeichnen Sie alle Stücke und schauen Sie während der Arbeit immer wieder auf den Plan. Drücken Sie die Quadrate sanft und gleichmäßig fest. Gut trocknen lassen.

10 Verfugen Sie das Mosaik. Wischen Sie überschüssigen Zement ab und lassen Sie alles trocknen.

Wege und Pflaster

Ihre Bestimmung liegt darin, Menschen von einem Gartenteil in einen anderen zu leiten und eine Fläche bereitzustellen, auf der man geht, steht oder sitzt. Mosaik kann dekorative Farbtupfer setzen, aber auch das Auge zu einem Punkt im Garten oder zu einer bestimmten Aussicht lenken. Stein, Terrakotta-Fliesen und Kiesel sind widerstandsfähig und gehören daher zu den für Gartenwege und -pflaster am besten geeigneten Materialien.

Unten links Ein keltisches Muster aus verschiedenfarbigen Kieseln zwischen zwei Wegflächen.

Unten Mitte Die schlichte Wiederholung dreier Figuren in denselben Farben gibt diesem Weg eine dritte Dimension.

Unten rechts Ein diamantförmiges Mosaik fügt sich gut in diesen formalen Garten.

Wege können dazu dienen, eine Fläche von einer anderen zu trennen; in dicht bepflanzten Gärten sollten sie jedoch nicht zu sehr auffallen, da die Gesamtanlage sonst ihren Zusammenhalt verliert. Hier sind die gedämpften Farben von Stein und Kiesel ideal.

Kieselmosaiken

Wie wir gesehen haben, waren Kiesel die Ausgangsmaterialien der frühesten Bodenmosaiken vor Tausenden von Jahren. Damals lag es nahe, sich eines Materials zu bedienen, das im Überfluss vorhanden und äußerst haltbar war. Kiesel-

mosaiken haben eine schön texturierte Obrfläche, lassen sich bequem begehen und nehmen mit der Zeit einen reizvollen Glanz an.

Gewisse Dinge gilt es beim Verlegen von Kieselmosaik zu berücksichtigen. Sie müssen in eine feste Grundlage eingebettet und rundum gestützt werden. Kiesel sollten senkrecht und dicht aneinander gesetzt werden, sodass nur wenig Oberfläche der Witterung ausgesetzt und zwischen den einzelnen Steinen keine Bewegung möglich ist. Sorgfalt gilt auch bei der Auswahl der Kiesel. Gewisse Sorten sind haltbarer als

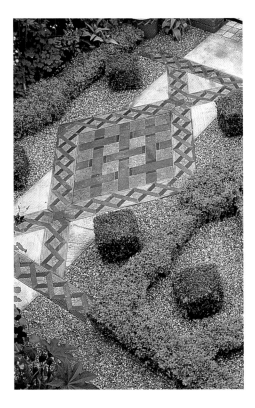

andere: wie etwa zylindrische, ziemlich lange Kalkstein- und Granitkiesel, abgeflachte Sandstein- sowie einige Feuerstein-, Quarz- und schwarze Basaltkiesel.

Steinmosaiken

Kiesel und Stein variieren in der Farbe von einem Bundesland zum anderen. Obwohl man durchaus Stein in jeder beliebigen Farbe vom Lieferanten beziehen kann, bringt die lokale Stein- und Kieselauswahl ein erfreulich natürliches Erscheinungsbild, das zudem mit jeder Haus- oder Gartenmauer aus Ziegel oder Stein harmoniert. Bei der Steinauswahl sollte Ihr Hauptaugenmerk der Haltbarkeit gelten: der Stein darf weder porös noch bruchanfällig sein. Auch Farbe und Form sind zu bedenken: eine gewisse Schwankung erfreut das Auge; zu starke Kontraste hingegen schwächen die Gesamtwirkung ab.

Schauen Sie sich an, wie Stein und Kiesel nass oder trocken aussehen. Trockene dunkle Steine, zum Beispiel, können in einem zeitgemäßen Design raffiniert wirken; in nassem Zustand werden sie dunkler und muten in einem Garten, der wenig Sonnenlicht empfängt, düster an.

Kiesel- oder Steinmosaiken im Freien zu verlegen erfordert viel Zeit und Mühe. Stein ist schwer und die Arbeit – das Heben, sich Bücken und Knien – hart. Man ist gut beraten, zuvor auf einer kleinen Fläche, wie einer Stufe, einem Weg oder einer Beeteinfassung zu üben. Bei größeren Vorhaben wenden Sie sich besser an einen professionellen Mosaikkünstler, da dieser wahrscheinlich viel schneller arbeitet, als Sie es vermögen.

Denken Sie, wenn Sie sich mit Steinen und Kieseln versorgen, auch an die Umwelt. Viele Kiesstrände leiden wegen

der Selbstbedienungsmentalität mancher Zeitgenossen schon an Auszehrung. Halten Sie sich an einen seriösen Lieferanten.

Oben Dieses leuchtende Mosaik aus blau glasierten Fliesenbruchstücken unterstreicht gemeinsam mit vom Salzwasser glatt geschliffenen Glassteinchen und Muscheln das maritime Ambiente.

Fußböden in Innenräumen

Fußböden müssen etwas aushalten. Aber wie wir gesehen haben, ist Mosaik langlebig: Einige jetzt rund 2000 Jahre alte Exemplare befinden sich immer noch in sehr gutem Zustand. Fußböden in Korridoren, Gartenhäuschen, Küchen und Badezimmern verlangen geradezu nach einem Mosaik; aber auch auf Wohnzimmerböden muss es nicht unbedingt kalt wirken.

Mosaik ist vielseitig und widerstandsfähig und daher für die meisten Böden praktikabel. Gegen Kratzer, Flecken und Verschleiß sind die meisten Mosaikmaterialien unempfindlich und – nicht minder wichtig – sie verbleichen nicht. Richtig vorbereitet, haften sie auf fast allen Oberflächen und sind angenehm zu begehen.

Rechts **Ein Mosaikfußboden erweist sich gerade im Flur als praktisch und widerstandsfähig. Das Mäander-Muster fügt sich gut in den imposanten viktorianischen Rahmen ein.**

Gegenüber **Die Farben sprechen in diesem ruhigen, wenngleich kühn akzentuierten Badezimmer für sich.**

Ganzbodenmosaik

Jeder Fußbodenbelag muss den Kontakt mit Füßen, Schuhen, Tatzen, Krallen und eventuell sogar Rädern aushalten. Um wirkungsvoll zu sein, müssen Ornamente sich nicht unbedingt auf Augenhöhe befinden. Es spricht nichts dagegen, einmal den gesamten Boden mit Mosaik zu belegen, was für einen erfrischenden Wechsel im Raumeindruck sorgen wird. Machen Sie sich aber auf eine größere Unternehmung gefasst, die viel Zeit und Geschicklichkeit erfordert. Eine Mosaikeinlegearbeit erzielt mit einem Bruchteil an Arbeit oft das gleiche dekorative Ergebnis.

Entscheiden Sie sich für gute, widerstandsfähige Materialien. Ideal sind Naturstein und glasierter Ton; Glas ist es aus nahe liegenden Gründen weniger, wenngleich bei entsprechender Sorgfalt durchaus zu verwenden. Auf jeden Fall muss der Boden eben sein.

Behalten Sie die Größenordnungen im Auge, wenn Sie Entwürfe für Böden machen. Das Auge verweigert aus dieser Entfernung die Wahrnehmung von zu vielen Einzelheiten – sowohl im Dargestellten selbst als auch bei der Größe der Steinchen oder der *tesserae*: Sind sie zu klein, so erscheint das Resultat als zu verspielt. Gut wirken große farbige Abschnitte mit kräftigen Elementen wie einem Zentralmotiv und Rahmenmustern.

Kreative Effekte

Im häuslichen Rahmen lässt sich Mosaik in großem Maßstab einsetzen. Im Badezimmer kann man den Boden oder die Wände vollständig mit Mosaik bedecken, sich nur auf den Boden beschränken oder auch die Fußleiste dekorieren, um Boden und Wand optisch zu einen. Die verfügbare Farbpalette ist umfangreich, zumal wenn Sie Industriemosaik auf Bögen verwenden. Mosaik kann auf Besonderheiten der Inneneinrichtung wie buntes Fensterglas antworten oder auf die Farbe der Vorhänge oder die Badezimmergarnitur abgestimmt werden.

Für Flure ist eine gedämpftere Farbpalette angemessen, wie zartes Grün als Gegengewicht zu einem satten Terrakotta-Mosaik-Fußboden-Farbton. Auf der Veranda wirkt ein warmer Ton ebenfalls einladend. Gliedern Sie einen Boden mittels dekorativer Umrandungen, die das Auge von der Tür den Korridor entlang zum Fuß der Treppe leiten.

Mosaik hat natürliche Affinität zum und Eignung fürs Badezimmer. Versu-

Oben **Klassisch schwarze und weiße Fliesen werden durch eine von Elaine M. Goodwin entworfene Mosaikeinlegearbeit belebt. Sie weist ein stilisiertes Reptil und Efeublätter auf.**

Ganz links **Abwechselnd gesetzte Quadrate aus Stein und aus grob texturierten Kieseln sind in einer Hütte oder einem Bauernhaus am idealen Ort.**

Links **Ganz im Kontrast zu Kieselsteinen ist dieser Mosaikfußboden glatt wie ein Teppich.**

Links Der kaffee-farbene Mosaik-fußboden, dessen weißer Fugenmörtel bestens zur sanitären Einrichtung passt, schafft eine angenehm entspannte Atmosphäre.

Unten Vom Meer inspirierte Darstellungen wie Segelboote, Muscheln oder Fische gehören natürlich ins Badezimmer.

chen Sie es auf unterschiedliche Weise einzusetzen. Zarte Cremetöne und eine elegante Randgestaltung bewirken eine ruhige, dekorative Anlage und schaffen einen Raum zum Entspannen. Meereslebewesen und nautische Sujets sind im Badezimmer am rechten Ort.

Stellen Sie sich vor, was Mosaik auch in Wohnbereichen zu leisten vermag. Ein kleines Mosaik an einer Feuerstelle etwa kann zu einem visuellen Fokus im Raum werden. Die bei gefliesten Küchenböden klassische Schwarz-Weiß-Kombination lässt sich durch eine originelle Mosaikeinlage beleben. Und zu einem Boden aus Bruchsteinfliesen passt ein Terrakotta-Mosaik.

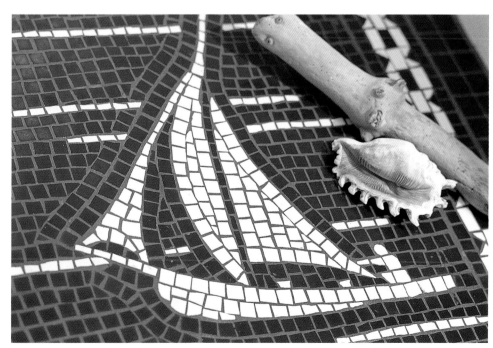

Mosaik vor einer Feuerstelle

Das Mosaik hier wurde unter Anwendung der indirekten Methode verlegt, bei der die Steinchen mit der Vorderseite auf Packpapier gelegt werden. Dieser Methode bedient man sich, wenn das Mosaik sehr eben sein soll. Die Arbeit kann abseits vom Standort des Mosaiks erledigt werden, was dann von Vorteil ist, wenn dieser so ungünstig liegt, dass man nicht direkt auf ihm arbeiten kann. Die indirekte Methode ergibt eine glatte Oberfläche, auch wenn mit unebenen Steinchen gearbeitet wird. Sie erweist sich aber beim Arbeiten mit Fliesen, die eine farbige Glasur nur auf einer Seite haben, als unpraktisch: Da die Teile umgedreht verlegt werden, würde man die Farbe gar nicht sehen.

Materialien und Werkzeug

- Hammer und Meißel
- Kraft- und Packpapier
- Handwerker- messer
- Schere
- Handfeger
- Schwamm
- Weißleim (wasserlöslich)
- Wasser
- Holz-Arbeitsplatte
- Klebeband
- Bleistift und Lineal
- Industriemosaik auf Papierunterlage

- Mosaikzange
- Keramikfliesen in mattem Cremeton
- kleiner Pinsel
- grauer Fliesen- kleber auf Zementbasis
- Anmachschalen und -eimer
- Zahnspachtel
- Stahlwolle
- Schraubenzieher
- Gummi- handschuhe
- Fugenmasse

1 Entfernen Sie mit Hilfe von Hammer und Meißel alle alten Fliesen, die um die Feuerstelle herum verlegt waren.

2 Nehmen Sie unbedingt jedweden verbleibenden Fliesenzement weg. Das neue Mosaik erfordert eine sehr glatte Oberfläche.

3 Aus einem Stück Packpapier, das größer als die mit Mosaik zu belegende Fläche ist, fertigen Sie nun eine Schablone an; falten Sie das Papier um die Ecken, bis alles genau passt. An verwinkelten Stellen kann dies knifflig sein.

4 Schneiden Sie die Form mit Messer und Schere akkurat aus. Prüfen Sie das Ergebnis

durch erneutes Auslegen um die Feuerstelle nach.

5 Kehren Sie alle losen Partikel von der Feuerstelle ab. Versiegeln Sie den Betongrund, indem Sie mit dem Schwamm ein Gemisch aus einem Teil Weißleim und fünf Teilen Wasser auftragen. Lassen Sie wieder trocknen.

6 Da hier nach der indirekten Methode gearbeitet wird, heißt es nun die Schablone (mit der Vorderseite nach unten) mittels Klebeband auf der Holzauflage zu befestigen – nichts darf rutschen!

7 Ziehen Sie mit Bleistift und Lineal die diversen geraden Randmusterlinien: die erste

Linie 1 mm vom Papierrand (als Fehlerspielraum beim Einpassen), die zweite 21 mm vom Papierrand entfernt, die dritte mit 71 mm und eine weitere mit 91 mm Abstand vom Papierrand. Sie müssten jetzt für das kleinteilige Muster zwischen den beiden dunkelpurpurnen Bändern 50 mm Platz zur Verfügung haben. Achten Sie darauf, dass die Linien an den Ecken sauber aufeinandertreffen. Kleben Sie Streifen von dunkelpurpurnen Randstücken mit der Papierseite nach unten entlang der schmalen Bänder. Der größte Teil des Mosaiks wird mit Bögen aus Industriemosaikteilchen gestaltet. Schneiden Sie die Bögen mit dem Cutter

zurecht und legen Sie sie wie vorgesehen aus. Füllen Sie das blassblaue zentrale Muster mit ganzen Steinchen – Papierseite nach unten – aus. Falls Lücken entstehen – wahrscheinlich an den Schmalseiten und an den ungeraden Schnittlinien des Mosaiks –, schneiden Sie die Teilchen entsprechend zurecht und kleben Sie sie später auf.

8 Einige Details im Einfassungsstreifen werden aus geviertelten Keramikfliesen in mattem Cremeton gestaltet. Legen Sie diese als mittige Linie parallel zu den beiden dunkelpurpurnen Streifen aus. Achten Sie darauf, dass die Linien an den Ecken sau-

ber aneinanderstoßen. Arbeiten Sie dann – beginnend in einer Ecke – ein Gittermuster aus cremefarbenen Fliesenvierteln im Abstand von 25 mm zwischen den beiden dunklen Purpurbändern. Füllen Sie die Zwischenräume mit Vierteln aus dem Industriemosaik-Sortiment aus. Legen Sie die Teilchen erst probeweise aus, bevor Sie sie festkleben. Bemessen Sie die Abstände so, dass das Design einheitlich wirkt und achten Sie besonders auf die Ecken.

9 Geben Sie mit einem kleinen Pinsel Weißleim auf die *Vorderseite* der kleinen Teile und kleben Sie sie aufs Papier.

▷

Mosaik vor einer Feuerstelle

Rechts Der satte Purpurton und die schlichte Einfassung fördern auch die Wirkung des Natursteins an dieser Feuerstelle.

10 Geben Sie Weißleim auf die Papier-rückseite der hellpurpurnen Industrieglas-Streifen und kleben Sie diese auf das Packpapier. Lassen Sie das fertige Mosaik mehrere Stunden trocknen.

11 Schneiden Sie das Mosaik in leicht zu handhabende Stücke; heben Sie diese auf und schütteln Sie sie leicht, um Bruchstücke zu entfernen oder eventuell lockere Teil-chen aufzuspüren. Kleben Sie diese wieder mit Weißleim fest.

12 Legen Sie die Mosaikabschnitte an der Feuerstelle mit der Musterseite nach unten

aus; alles sollte passen. Vorerst sehen Sie aber nur Packpapier.

13 Legen Sie sich die Bögen so zurecht, dass die Reihenfolge, in der sie zu ver-legen sind, klar ist. Rühren Sie grauen Flie-senkleber mit Wasser in einem Verhältnis von 1 : 4 an. Verstreichen Sie den Kleb-stoff mit einem Zahnspachtel auf dem Beton zu einem ebenen Bett, in das Sie die Mosaikbögen vorsichtig mit der Mus-terseite nach unten legen. Wenn Sie mit der Passform der Bögen zufrieden sind, drücken Sie sie in den Klebstoff und reiben mit einem feuchten Schwamm über die

Oberfläche. Lassen Sie alles 24 Stunden trocknen.

14 Füllen Sie einen Eimer mit warmem Wasser und befeuchten Sie das Packpapier mit einem Schwamm. Nach 5 Minuten Einwirkzeit wiederholen Sie den Vor-gang.

15 Das Papier sollte sich leicht abziehen lassen. Einige Fetzen werden kleben blei-ben, die aber mit Stahlwolle zu entfernen sind. Waschen Sie das Mosaik ab und kle-ben Sie alle Stücke, die sich gelöst haben, wieder fest.

16 Bei dieser Technik dringt gern Klebstoff durch die Fugen, er steht nach dem Trocknen hoch. Entfernen Sie den überschüssigen Kleber mit einem Schraubenzieher oder einem anderen spitzen Werkzeug.

17 Machen Sie grauen Fugenmörtel gemäß den Herstellervorschriften an und verfugen Sie das Mosaik, wobei Sie Handschuhe tragen sollten. Lassen Sie es trocknen und entfernen Sie überschüssigen Mörtel mit einem feuchten Schwamm. Das zeitgemäß schlichte Mosaik belebt mit seiner ausgewogenen Farbigkeit den Kamin ganz ungemein.

Möbel und Ornament

Mosaiktische

Eine Tischplatte bietet für jeden Mosaizisten und zumal für den Anfänger das ideale Betätigungsfeld. Sie ist flach und hat die richtige Höhe, um gut gesehen zu werden. Als dekorative Technik eignet sich Mosaik für Tische optimal und ist relativ leicht auszuführen, vorausgesetzt, dass eine ebene, horizontale und bearbeitungstaugliche Oberfläche vorliegt. Auch können Sie beim Aufbringen des Mosaiks mit der direkten wie der indirekten Methode experimentieren.

Oben links Das kraftvolle Zopf-Mosaik von Celia Gregory passt zur quadratischen Robustheit dieses Kaffeetischs.

Oben rechts Lebhaft gefärbte Streifen in Buntglas-Einlegearbeit schmücken diesen von Christopher Skinner und Max Reeve gestalteten imposanten Esstisch.

Relativ billig lassen sich in Trödelläden Tische finden, die Sie dann mit Hilfe von Mosaik in ein persönliches Accessoire verwandeln. Ideal für Mosaik geeignet sind ein Schach- oder Spieltisch, Flur-, Beistell-, Telefon- und Nachttisch.

Leicht können Sie sich aus MDF-, Sperrholz- oder sonstigen Platten Ihren eigenen Tisch in einer Form und Größe zimmern, die zu Ihrem Mosaikentwurf passt. Alle rauen Stellen sind sorgfältig zu schleifen.

Die Tischkante kann als Mosaik ausgeführt oder mit einem Edelstahlrahmen eingefasst werden. Schleifen Sie scharfe Mosaikkanten ab, um nicht mit den Kleidern daran hängen zu bleiben. Einfache Rahmen aus Metall als Träger für die Tischplatte können Sie entweder neu anfertigen lassen oder Sie machen sich selbst einen aus Holz.

Tischoberflächen

Achten Sie darauf, dass das Endergebnis glatt und eben ist. Man kann die gesamte Tischoberfläche mit Mosaik belegen oder sich auf ein dekoratives Paneel, etwa in der Tischmitte, beschränken. Ein Mosaik rund um die Tischkante muss auch mit der Tischplatte bündig abschließen, was bereits im Entwurfsstadium berücksichtigt werden sollte.

Wenn Sie ein kleines Mosaik wie eine Intarsie in die Tischfläche einsetzen wollen (sicher keine Arbeit für Anfänger!), müssen Sie die Stärke des Mosaiks ermitteln, das Holz der Tischfläche tischlermäßig abtragen und das Mosaik

schließlich an der vorbereiteten Stelle einfügen. Das Ergebnis muss völlig glatt sein: Man muss Gegenstände oder Getränke abstellen können, ohne dass diese wackeln oder schwanken.

Nicht poröse Materialien wie glasierter Ton, Glas oder ein geeigneter Naturstein lassen sich gut nass wischen, ohne fleckig zu werden. Falls das von Ihnen gewählte Material feuchtigkeitsempfindlich ist, können Sie die gesamte Tischfläche mit einer schützenden Glasplatte abdecken, die Sie vom Fachmann zurechtschneiden lassen.

Auf runden Tischen wirken Wiederholungsmuster, fortlaufende Spiralen oder abstrakte Darstellungen besonders gut. Versuchen Sie sich am Motiv des keltischen Knotens oder an einem organischen islamischen Muster. Eine Fülle von Vorlagen für die Gestaltung von Umrandungen finden Sie in Musterbüchern aus diversen Epochen.

Oben links Diese Tischplatte wurde von Elizabeth De'Ath aus geschnittenem Spiegelglas und Industriemosaik-Bändern gestaltet.

Oben rechts Eine Tischplatte im maurischen Stil sowie ein Rundmosaik mit ähnlichen Mustern von Elaine M. Goodwin.

Rechts Keltische Muster sind zeitlos und passen zu modernem wie traditionellem Mobiliar.

Tisch mit Farbglas-Einlegearbeit

Entwürfe von Friedensreich Hundertwasser dienten als Inspiration zu diesem Tisch. Der Künstler führte gerne Mosaik als Einlegearbeit aus, anstatt die ganze Tischfläche damit zu gestalten. Somit bekommen auch die verbleibenden Holzflächen durchaus eigene Aussagekraft. Auch in dieser Arbeit sind die furnierten Flächen ebenso wichtig wie das Mosaik. Die geschwungenen Formen vermitteln Sinnlichkeit und Dynamik, während die Edelstahlkante zeitgemäße Sachlichkeit mit einfließen lässt.

Materialien und Werkzeug

- **MDF-Platte, 110 x 70 cm, 18 mm dick**
- **weicher Bleistift und Radiergummi**
- **Pauspapier und große Papierbögen zum Unterlegen**
- **Schere**
- **Bügeleisen**
- **Eichenholzfurnier, 3 mm dick**
- **Handwerkermesser**
- **Tischträger (siehe Abbildung)**
- **Buntglasfliesen, (Tiffany-Glas), 3 mm dick: Farben Rot, irisierendes Pink sowie geriffeltes Klarglas (Farbe nach Wunsch)**
- **Holzbeize (Farbe:**
- **Kastanie)**
- **Pinsel**
- **Gummihandschuhe**
- **klarer Holzfirnis**
- **Weißleim**
- **kleiner Pinsel**
- **Schale**
- **Kontaktkleber**
- **Schraubzwinge**
- **Mörtel**
- **rotes Fugenmörtel-Färbemittel**
- **Schwamm**
- **Glasreiniger**
- **18-mm-Edelstahl-Einfasskante**

1 Zeichnen Sie mit weichem Bleistift sechs gewellte Linien über die gesamte Länge der MDF-Platte. So ergeben sich die drei Bandflächen für das Mosaik und die vier Bandflächen für das Furnier.

2 Übertragen Sie die Linien auf Pauspapier. Schneiden Sie sodann vier Schablonen für das Furnier aus. Dieses sollte mit 3 mm genauso dick liegen wie die Mosaikteilchen.

3 Fahren Sie mit dem heißen Bügeleisen über die ausgeschnittenen Schablonen, da das Pauspapier sich leicht wellt oder einrollt.

Links Die weichen Wellenlinien dieses Tischs machen sich in einem minimalistisch ausgestatteten Wohnzimmer gut als Ergänzung zu den Raumwinkeln, zum Betonfußboden und zu den klaren Formen der Accessoires.

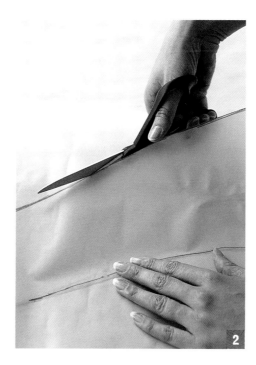

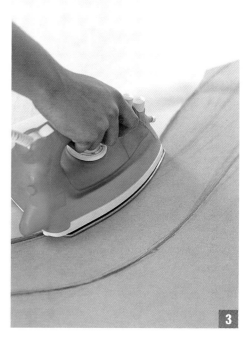

▷

Tisch mit Farbglas-Einlegearbeit

4 Legen Sie die Schablonen auf das Eichen-furnier. Umreißen Sie mit weichem Bleistift sorgfältig jede Linie des Pauspapierstücks. Sie vermindern Ihren Arbeitsaufwand beim Zuschneiden, wenn Sie gerade Linien in Übereinstimmung mit der geraden Furnier-kante verlaufen lassen.

5 Schneiden Sie mit der scharfen Klinge des Cutters die mit Bleistift markierte Linie kräftig nach. Bearbeiten Sie die Kurven-linie abschnittsweise und entfernen Sie dabei fortlaufend den Furnierabfall.

6 Platzieren Sie die vier Furnierausschnitte an der für sie vorgesehenen Position auf dem Tisch. Schneiden und legen Sie eine Auswahl an Buntglasfliesen bereit; ver-wenden Sie warme Töne wie Rot, Pink sowie klares, geriffeltes Glas, das den Farbwechsel des Holzes aufnimmt und wunderschön mit der dichten Struktur des Furniers kontrastiert.

7 Legen Sie die Furnierstücke auf die Papierbögen und streichen Sie sie mit Holz-beize in Kastanienrot oder einer dunkleren, rottonigen Farbe. Ziehen Sie Handschuhe an, tragen Sie zwei dünne Lagen auf und lassen diese trocknen. Es sind noch mehrere Lagen aufzutragen, wobei eine jede erst trocknen muss, bevor die nächste folgt. Beachten Sie die Herstellervorschriften.

8 Legen Sie die Furnierpaneele wieder an ihren Platz auf die Faserplatte. Tragen Sie auf der Rückseite der Buntglasstücke mit einem kleinen Pinsel Weißleim gleichmäßig auf. Kleben Sie die Stücke wie zufällig auf die Platte, in einem Mengenverhältnis von etwa vier roten Teilchen zu jeweils zwei in Pink und einem klaren. Weißleim ist zwar weiß, wird beim Trocknen aber klar.

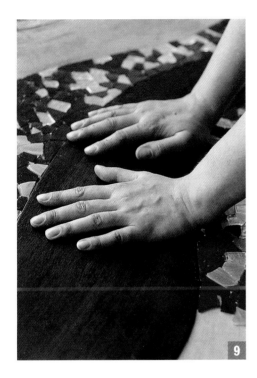

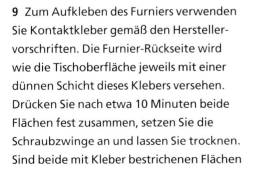

9 Zum Aufkleben des Furniers verwenden Sie Kontaktkleber gemäß den Hersteller-vorschriften. Die Furnier-Rückseite wird wie die Tischoberfläche jeweils mit einer dünnen Schicht dieses Klebers versehen. Drücken Sie nach etwa 10 Minuten beide Flächen fest zusammen, setzen Sie die Schraubzwinge an und lassen Sie trocknen. Sind beide mit Kleber bestrichenen Flächen erst einmal miteinander in Berührung ge-kommen, kann die Anordnung nicht mehr verändert werden – passen Sie also auf!

10 Ziehen Sie Handschuhe an und ver-fugen Sie das Mosaik mit einem grauen Fugenmörtel, dem ein rotes Färbemittel beigemischt wurde. Wenn er nahezu tro-cken ist, wischen Sie den überschüssigen

Oben Die Wellenlinien aus Glas vermitteln dem Design Dynamik.

Mörtel mit einem in Glasreiniger getauch-ten Schwamm fort (Achtung!: Es darf kein Mörtelrest auf dem Furnier verbleiben!). Sobald er vollständig getrocknet ist, brin-gen Sie die Edelstahlkante um den Tisch herum an.

Dekorative Accessoires

Heimische Accessoires stellen für den Mosaizisten einen unerschöpflichen Vorrat an Gestaltungsgelegenheiten dar. Im Schlafzimmer bieten sich ein Schmuckkästchen, eine Wäschetruhe, eine Wand, der Spiegel auf dem Ankleidetisch oder auch die Vorhangblende als Mosaikträger an; im Wohnzimmer sind es Fotorahmen, ein Ofenschirm, ein Zeitungsständer, eine Standuhr oder eine dekorative Tischlampe. Mosaikpflanztöpfe für Kräuter schließlich wären ein hübscher Zugewinn für die Küche.

Unten links Sanft verdrehte Mosaikbänder bedecken diese hohe Terrakotta-Vase. Kleine Splitter von Goldsmalten setzen Glanzlichter auf das Stück.

Unten rechts Dekorative Töpfe mit frischen Kräutern haben ihren Platz in der Küche, sind aber schön genug, um auch auf dem Tisch zur Schau gestellt werden zu können.

Mosaik vermag einen banalen Gegenstand aus der Massenproduktion in etwas wirklich Originelles zu verwandeln. Gefäße jeder Art eignen sich vorzüglich für eine Mosaik-Dekoration. Pflanztöpfe, Terrakotta-Urnen, Kerzenhalter, Vasen und Schalen sind nur einige Beispiele.

Kleinere Accessoires

Diese erfordern einen nur geringfügigen Aufwand hinsichtlich Zeit, Arbeitskraft und Materialkosten. Mit ihnen lassen sich gut eigene Vorstellungen ausprobieren und Techniken einüben.

Ideal für den Anfang ist ein schlichter Holz-Fotorahmen oder ein Hausnummernschild, da sie eine regelmäßige Form haben, flach hingelegt und leicht bearbeitet werden können. Experimentieren Sie mit Farben und Mustern an einem Untersetzer-Set, bevor Sie größere Vorhaben in Angriff nehmen.

Ergiebige Jagdgründe für Gegenstände, die den Mosaizisten interessieren, wie Bilderrahmen, schlichte Holzkästen, alte Dosen und Töpfe, sind Trödelmärkte und Ramschläden, aber auch Versteigerungen von Hausrat aus Wohnungsauflösungen.

Besorgen Sie sich eine flache, leichte Form aus Holz, Metall oder Plastik und gestalten Sie eine Schale mit Mosaik in zeitgemäßem Stil nur auf der Innenseite. So gewinnen Sie eine stabile Grundpraxis bei der Arbeit.

Rahmen können aus verschiedenartigen Materialien bestehen, flach sein oder plastische Elemente enthalten und auf individuelle Weise mit Mosaik versehen werden. Der Selbstdarstellung bieten sie eine vorzügliche Bühne: Erkunden Sie Farb- und Texturkombinationen und Collage-artige Effekte.

Bewegliche Komponenten an Möbeln

Wenn Sie sich an ein Möbelstück machen, das bewegliche Teile wie Schubladen oder Türen hat, müssen Sie darauf achten, dass die *tesserae* nach dem Aufbringen und Verfugen diese in ihrer Beweglichkeit nicht behindern. Prüfen Sie den verfügbaren Platz und richten Sie

die *tesserae* gleichmäßig aus, damit sie sich nicht überlappen. Kratzen Sie den Zement von der Oberfläche an den Innenkanten mit Hilfe eines flachen, scharfen Werkzeugs weg. Achten Sie darauf, dass aller überschüssige Fliesenkleber beseitigt ist.

Truhen und Schränke

Die meisten von uns haben eine Truhe im Flur oder in einem Gästezimmer, in der alles Mögliche verstaut werden kann. Exemplare aus dem Einrichtungshaus können durch eine kleine Dekoration durchaus gewinnen: im Falle von Truhen durch aufeinander abgestimmte Dekore auf dem Deckel und der Vorderseite; im Falle von Kommoden durch kleine, miteinander in Beziehung stehende Mosaiken auf allen Schubladen. Ver-

Oben **Große Schale mit einem Zickzack-Mosaik aus Buntglas von Martin Cohen.**

Links **Die texturierten, farbigen Glasquadrate werfen schöne Muster, wenn eine Kerze in diesem Mosaikkerzenständer entzündet wird.**

Rechts Vier Frauen tanzen einen Reihentanz um die große Vase von Celia Gregory. Die Gestaltungsabsicht der Künstlerin war die, den Gegenstand ironisch verfremdet wie ein antikes Stück aussehen zu lassen.

gewissern Sie sich, dass die Gelenke und Scharniere des Möbelstücks für das zum Teil beträchtliche Gewicht von Mosaik stark genug ausgelegt sind.

Anrichten, Küchen- und Toilettenschränke

Dekorieren Sie die Türen eines Küchen- oder Toilettenschranks oder einer Anrichte mit Mosaik. Es muss nicht die gesamte Tür bedeckt werden: ein kleines Paneel tut es auch. Gegenstände aus der Massenproduktion oder Fundstücke aus dem Second-Hand-Laden gewinnen mit Hilfe von Mosaik eine persönliche Note.

Unten links Die Margeriten-Paneele an diesem Bett aus Pinienholz würden sich gut in einem Schlafzimmer im Landhausstil machen. Schön ist es auch, wenn der Dekor mehrmals im Raum auftritt.

Heimbüro

Schreib- und Computertische, Aktenschränke und andere Heimbüromöbel können durch Mosaikeinlegearbeiten profitieren. Denken Sie aber daran, dass diese Möbel in erster Linie ihren Zweck erfüllen müssen: Computerschränke dürfen nicht wackeln, die Schubladen des Aktenschranks müssen sich öffnen und schließen lassen, Schreiben und Lesen am Schreibtisch sollten problemlos möglich sein. Bringt man in funktionale Arbeitsbereiche eine persönliche Note in Form von Mosaik – vielleicht durch die Gestaltung eines auf das Geschäft verweisenden Symbols, eines Logos oder von Initialen –, so wird deren nüchterne Atmosphäre gegenüber dem übrigen Wohnraum gemildert.

Raumteiler

Mittels eines Wandschirms lässt sich ein Raum in verschiedene Bereiche teilen. Bei aller Nützlichkeit sollte diesen Ele-

menten jedoch eine gewisse Leichtigkeit zu Eigen sein, damit sie nicht wie ein Hindernis im Raum stehen. Wenn es sich nicht gerade um ein Exemplar in japanischem Stil aus Pergament und hellen Holzrahmen handelt, wirkt der übliche Raumteiler oft wie eine massive Wand. Bringen Sie daher Spiegelglas oder – falls Sie Reflexionen nicht mögen – Gold-, Silber- oder andere metallische Materialien in geometrischem oder abstraktem Muster auf ihm an. Das Spiel des natürlichen oder künstlichen Lichts vermittelt Leichtigkeit und Bewegung.

Auch Ofenschirme sind ideale Arbeitsflächen. Besorgen Sie sich einen gebrauchsfertigen aus dem Fachgeschäft oder stellen Sie selber einen aus Sperrholz her, den Sie dann in speziell angefertigte Rahmen setzen.

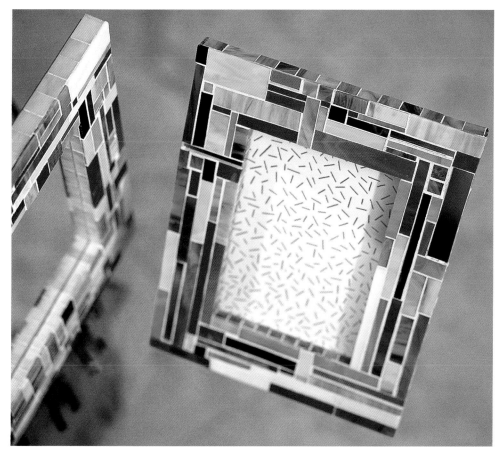

Kleiderablage und Schlüsselbrett

Selbst diese unscheinbaren Helfer lassen sich mittels Mosaik in Schmuckstücke verwandeln. Die Basis fertigen Sie aus MDF oder Sperrholz in der von Ihnen gewünschten Größe und Form. Befestigen Sie die Haken, an die das Brett gehängt werden soll, bevor Sie mit dem Mosaik beginnen. Markieren Sie die Position der Kleider- oder Schlüsselhaken und schrauben Sie sie nach dem Verfugen und Reinigen des Mosaiks ein.

Oben Ofenschirm in goldenem Farbglas-Mosaik: Das Farbglas wurde auf Klarglas gelegt, sodass das Licht noch durchscheinen kann. Die wellenförmigen Farbbänder wirken schön bewegt.

Links *Tuttifrutti:* Bilder- und Spiegelrahmen mit abstrakten geometrischen Mustern in leuchtend farbigem Buntglas von Anna Tabata Cominitti.

Spiegelrahmen

Eines der beliebtesten Betätigungsfelder für den Mosaizisten ist der Spiegelrahmen und zwar wegen der vielen hier erzielbaren Effekte. Spiegel sind nützliche Gegenstände in praktischer, aber auch in dekorativer Hinsicht. Jeder noch so kleine Raum profitiert von einem Spiegel als einem eigenständigen attraktiven Accessoire, das den Raum größer wirken lässt und Licht in ihn zurück reflektiert. Darüber hinaus besteht eine Affinität zwischen den texturalen und reflektiven Eigenschaften von Spiegel und Mosaik, weshalb sie gut zusammenwirken.

Rechts Großer, geschwungener Spiegel, inspiriert von der Malerei Gustav Klimts, die sich in der Gestalt des Objekts wie in den in rhythmischem Muster fließenden Linien aus Goldsmalten widerspiegelt. Ein sehr dekoratives und individuelles Stück von Norma Vondee.

Ihrem Rahmen können Sie eine so extravagante oder schlichte Form geben, wie Sie wollen. Besorgen Sie sich handelsübliche Sperrholz- oder MDF-Platten, die es auch in runder Form gibt, und verwirklichen Sie darauf Ihren Mosaikentwurf. Vielleicht wollen Sie die Rahmengestalt aber auch anders bestimmen und schneiden den gewünschten Umriss mit einer Kreis- oder Bandsäge selbst zurecht.

Gegenüber Dieser große, kurvenreiche, von Celia Gregory aus ausgewaschenen Glasstücken vom Themseufer gefertigte Spiegel kontrastiert mit der eckigen Form des Kamins. Das gedämpfte Grün ergänzt die weißen und neutralen Töne des Raumes ideal.

Links Ein Paar sich ergänzender kreisförmiger Spiegel; die nicht im Zentrum sitzenden Spiegelflächen machen diese besonders interessant.

Rechts Kreisrunder Mosaikspiegel und Mosaiktischplatte mit floralen Motiven. Das Design wie die Farben beider Objekte sind aufeinander bezogen, ohne sich genau zu wiederholen.

Spiegel mit Mosaik

Dieses geometrische Mosaik bezieht seine Wirkung aus dem Farbkontrast von Glas- und Keramiksteinchen. Industriemosaik mit Kupferflimmer sorgt für einen prunkvollen Auftritt. Hängen Sie dieses Mosaik so im Badezimmer auf, dass die Spiegelglas-Fliesen das Wasser in der Wanne reflektieren können oder machen Sie den Spiegel zum visuellen Anziehungspunkt im Flur.

Materialien und Werkzeug

- **Bleistift**
- **Lineal**
- **MDF-Platte, 46 x 46 cm groß, 9 mm dick**
- **großer Pinsel**
- **Weißleim**
- **Spiegelglas-Kleber**
- **Spiegel, 19,5 x 19,5 cm groß**
- **Industriemosaik und mattes Keramik-Mosaik**

- **Mosaikzange**
- **kleiner Pinsel**
- **kleine quadratische Spiegelglas-Fliesen**
- **Fugenmörtel**
- **Mörtelbehälter**
- **Mörtelspachtel**
- **Schwamm oder Tuch**

1 Teilen Sie mit Hilfe von Bleistift und Lineal die MDF-Platte in sieben mal sieben gleiche Abschnitte auf und zeichnen Sie die Linien ein. Markieren Sie jedes zweite Quadrat mit einem Schnörkel, denn hier finden die Farbwechsel statt.

2 Versiegeln Sie die Platte mit einer Mischung aus Weißleim und Wasser im Verhältnis 1 : 1 und lassen Sie sie vollkommen austrocknen.

3 Kleben Sie den zentralen Spiegel mit Spiegelkleber in die Mitte des Designs, sodass rundherum ein gleichmäßiger Rand verbleibt.

4 Halbieren Sie die goldenen Industrie-mosaik- und die Keramikfliesen (diese in zwei verschiedenen Tönen) mit der Flie-senzange. Drücken Sie fest zu, damit sich ein sauberer Schnitt ergibt.

5 Bekleben Sie zunächst die mit Schnörkel markierten Quadrate abwechselnd mit einer hellen Industriemosaik- und einer hellen matten Keramikfliese. Lassen Sie zwischen den einzelnen Teilchen leichte Fugen offen. Bestreichen Sie jede Fliese mit unverdünntem Weißleim und kleben Sie sie innerhalb der Bleistiftlinien auf.

6 Arbeiten Sie alle markierten Quadrate der Platte auf diese Weise und achten Sie auf gleichmäßige Fugen zwischen den Einzelteilen.

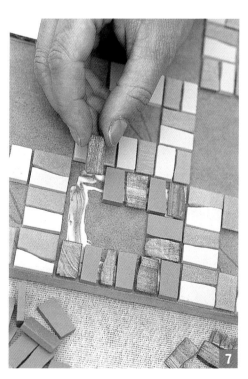

7 Bekleben Sie alle anderen Quadrate der Platte auf dieselbe Weise mit zwei dunkle-ren Farben.

8 Kleben Sie die kleinen Spiegelglas-fliesen mit Spiegelkleber in die Mitte der dunkleren Quadrate.

▷

Rechts Die zwei farblich kaum unterschiedenen und auch stilistisch gleichen Spiegel nehmen die gedämpften, warmen Töne des Holzfußbodens wie der Kissen auf.

Spiegel mit Mosaik

9 Kleben Sie die Kupferflimmer-Teilchen mit Weißleim in die Mitte der helleren Quadrate und lassen Sie alles trocknen.

10 Machen Sie die Fugenmasse zu cremiger Konsistenz gemäß den Herstellervorschriften an. Vergewissern Sie sich beim Verteilen, dass die Zwischenräume gefüllt sind. Glätten Sie die Kanten Ihrer Platte, indem Sie rundum ein wenig Mörtel verstreichen. Wischen Sie überschüssige Masse mit einem leicht feuchten Schwamm oder Tuch von der Trägeroberfläche und -kante und lassen Sie alles trocknen.

Gartenmöbel

Mosaik wirkt außerordentlich gut auf Gartenmöbeln und Objekten für den Garten. Ein Blumenkasten, ein Stuhl oder eine Bank fallen Ihnen vielleicht nicht als Erstes ein, wenn Sie überlegen, wo Mosaik anzubringen wäre; sie können Ihrem Garten jedoch zu einem zentralen „Herzstück" verhelfen, das alle Besucher überraschen wird. Mosaik verschönt nicht nur manches alte Mobiliar, sondern schützt es auch besser gegen die Unbilden der Witterung. Auch ständig im Garten verbleibende Gegenstände wie eine Vogeltränke gewinnen mit Mosaik.

Sitzgelegenheiten

Wählen Sie einen Stuhl oder eine Bank nach ihrer Eignung für eine Dekoration mit Mosaik aus. Plastik-Gartenmöbel sind natürlich nicht geeignet; ein schlichter Küchenstuhl hingegen ist ein passender Kandidat. Was Bänke angeht, so sollte man alte und schöne aus Schmiede-eisen, anderem Metall oder Teakholz in ihrem Originalzustand belassen; eine Standard-Gartenbank hingegen kann wie Tisch und Stühle sehr effektvoll verschönert werden.

Nahezu jeder Teil eines Stuhls oder einer Bank kann Mosaik tragen; die Sitzfläche oder die Armlehnen (falls vorhanden) und ebenso die Rückenlehne eignen sich besonders gut. Bei einer praktischen Funktion des Möbelstücks ist darauf zu achten, dass das Mosaik bündig, glatt und eben abschließt.

Vorbereitung

Überlegen Sie genau, wie viel Mosaik-material Sie benötigen: Einen Stuhl oder ein Stuhlpaar vollständig zu bedecken, erfordert eine große Menge *tesserae*; in beiden Fällen kommt es auf einheitliche Wirkung an.

Soll das Endergebnis nicht zusammenhanglos wirken, muss im Muster oder in der Farbe Kontinuität vorherrschen. Die Stücke müssen nicht identisch, sollten aber durch einige kraft-

Links Ein alter Stuhl wird mittels Fliesen-Mosaik wahrhaft „aufgemöbelt". Einen großen drei-dimensionalen Gegenstand vollständig zu bedecken, erfordert eine Menge *tesserae*. Falls Sie nicht über viel Rohmaterial im selben Muster verfügen, können Sie das Problem lösen, indem Sie leicht unterschiedliche Muster in derselben Farbe verwenden.

Links Abstrakte Gesichter als ausgefallene Mosaik-„Kissen" für eine Gartenbank von Cleo Mussi. Ein toller visueller Blickpunkt für einen schlichten Innenhof.

Unten Die unauffällige Mosaikvogeltränke von Sheryl Wilson verschmilzt mit dem Laubwerk.

Ganz unten Die plastische, mit blauem Mosaik bedeckte Sitzgelegenheit bringt Leben und Farbe in diesen Stadt-Patio.

volle visuelle Faktoren (Muster oder Farbe) verbunden sein. Wenn Sie nicht ganz sicher sind, beginnen Sie mit nur einem Gegenstand oder einem Abschnitt auf diesem. Legen Sie Ihre Mosaikstückchen auf einer trockenen Fläche in Form Ihres Entwurfs aus und prüfen Sie vor dem Anmachen des Klebemittels, ob Sie mit Größe, Anlage, Farbton und Form zufrieden sind.

Für den Einsatz von Mosaik im Garten gibt es keine Beschränkungen. Sie können sogar eine kleine Grotte bauen und sie mit Muscheln, kleinen Kieseln, Spiegelglas und Halbedelsteinen bedecken.

Dekorativer Gartensitz

Als Inspiration für diesen Sitz wurde hier von Norma Vondee ein Meeresmotiv gewählt, und zwar ein – wenn auch sehr stilisierter – Seeigel. Man findet diese faszinierenden Lebewesen in der Natur in einem großen Spektrum von Farben, wie zartem Grün, Pink, Korallenrot, Orange, Kastanienbraun, Purpur; ja selbst in dem hier gezeigten sanften Blau und Lavendel. Ihre Gestalt regte zu diesem niedrigen, breiten Sitz an, der einerseits als Skulptur, mit entsprechenden Installationen aber auch als Springbrunnen im Garten seinen Platz finden kann.

Materialien und Werkzeug

- **4 Stück Porenbetonsteine (Leichtkalkbeton) und ein kleines Mittelstück als „Zapfen"**
- **Sand**
- **Zement**
- **Schutzbrille und Handschuhe**
- **Hammer**
- **Meißel**
- **Holzkohle**
- **Glas- oder Steingutfliesen**
- **Zementkleber**
- **schwarzes Färbemittel (Pigmentfarbe)**
- **Zahnspachtel**
- **Mosaikzange**
- **Schieferstücke**
- **Schmucksteine**

Oben Legen Sie Ihren Entwurf auch in den Farben und Materialien vorab fest.

1 Fügen Sie vier Leichtkalkbetonsteine mit Sand und Zement aneinander. Das Zapfenstück kommt in die Mitte. Lassen Sie das Ganze trocknen.

2 Ziehen Sie die Handschuhe sowie die Schutzbrille an und meißeln Sie die Kanten der Blöcke rund.

3 Ziehen Sie mit Holzkohle etwa in der Mitte um die Blöcke eine Bogenlinie, außerdem Linien, die vom Zentrum auf der Oberseite ausgehen. Beschränken Sie sich auf schlichte, kräftige Farben. Legen Sie die Mosaikteilchen zunächst probeweise aus, um die Abstände zu klären. Das Material muss für einen Einsatz im Freien geeignet sein; verwenden Sie Steingut oder Indust-

riemosaik auf Bögen. Schneiden Sie für einfache Linien zusammenhängende Teile in Streifen oder lösen Sie die Elemente vom Netz ab.

4 Machen Sie Fliesenkleber mit einer kleinen Menge Pigmentfarbe zu einer glatten Konsistenz an und geben Sie diesen direkt auf die Blockoberfläche, jedoch nicht dicker als 5 mm. Beginnen Sie mit dem Aufkleben der Mosaikteile und klopfen Sie sie nacheinander mit einem einzigen Schlag der Mosaikzange fest. Verschieben Sie die Teile nach Möglichkeit nicht mehr.

5 Fahren Sie fort mit dem Aufbau des Designs. Vermeiden Sie scharfe Kanten, die hinterher abgeschliffen werden müssten.

Legen Sie die Bogenlinie unten in einem einheitlichen dunklen Farbton aus, was für die visuelle Klarheit von Vorteil ist. Verteilen Sie die Schieferbruchstücke auf dem Zement um die Sitzbasis und klopfen Sie sie mit der Mosaikzange fest.

6 Füllen Sie die Zwischenräume der Sitzbasis mit Schmucksteinen: Im vorliegenden Design wirken diese ein wenig wie fließendes Wasser. Lassen Sie alles vollständig trocknen. Verfugen Sie das Mosaik mit einem Gemisch aus Sand, Zement und schwarzem Färbemittel. Der Sitz kann entweder in einem Mörtelbett fixiert werden oder es werden weitere Porenbetonsteine unten angefügt und man zementiert das Ganze in einer ausgehobenen Grube.

Gartenschmuck

Nur die Minimalisten unter den Gärtnern wollen stets jede Andeutung von Ornament aus ihren Gärten verbannen. Die meisten anderen schätzen Dekorgegenstände, die dem Gartenraum zu einer persönlichen Note verhelfen. Ideal für Mosaik eignen sich insbesondere Gefäße, die zu farblichen Hinguckern im Garten werden.

Töpfe und Gefäße

Auf viele Arten von Gefäßen kann Mosaik aufgebracht werden, so auf Blumenkästen, Beleuchtungskörper, Schornsteinköpfe, sowie große urnenförmige Behältnisse. Die am häufigsten bearbeiteten Töpfe sind solche aus Terrakotta. Für die Verwendung in Innenräumen gibt es eine große Auswahl an Plastikgefäßen, die nahezu jede beliebige Oberflächenstruktur imitieren, von Terrakotta, Grünspan und Kupfer bis zum Stein. Mit zusätzlichem Mosaik machen Sie diese Standardgefäße zu etwas Persönlichem. Verwenden Sie für den Außenbereich einen frostbeständigen Terrakottatopf als Mosaikträger, der, falls unglasiert, auf der Innenseite gefirnisst werden muss, damit von dort keine Feuchtigkeit durchsickern und die *tesserae* abstoßen kann. Am besten arbeiten Sie auch mit Wasser abweisendem und frostbeständigem Zement und Fliesenkleber.

Eine Überlegung wert ist nicht nur das Erscheinungsbild der Gefäße, sondern ebenso das der Pflanzen. Tragen Sie Sorge, dass Ihr Design, die Farbpalette und die Umgebung einander ergänzen. Zum Beispiel passt eine verhalten geometrische Darstellung zu einem beschnittenen Buchsbaum; eine kraftvoll abstrakte harmoniert hingegen mit leuchtend roten Geranien.

Ein kunstvoll in antikem Stil aus Stein oder Imitat gehauenes oder geformtes Gefäß erfordert eine andere Behandlung. Große Urnen sehen gut aus, wenn sie nur teilweise mit Mosaik versehen sind, weil auf diese Weise der Kontrast zwischen Behälter und Mosaik hervorgehoben wird. Sie sollten aber *tesserae* verwenden, die die Grundfarbe verstärken.

Vogeltränken und Teiche

Ungemein faszinierend ist der Kontrast zwischen den Mosaikfarben und glit-

Unten Eine helle Vase und Vogeltränke mit kräftigen Farben und Mustern finden ihren idealen Platz in dunklen oder schattigen Innenhöfen.

Links Traditionelle Gartenvase, geschmückt mit einem unerwartet modernen Porträt.

Unten links Dieses Garten-Pflanzgefäß wurde von Celia Gregory aus Ziegelsteinen und Zement geformt, mit zerschlagenen königsblauen Keramikfliesen bedeckt und oben mit einer Steindekoration abgeschlossen.

Unten rechts Interessant wirken auch die hell gemusterten Keramiktöpfe von Cleo Mussi im vorwiegend grünen Umfeld.

zerndem Wasser in einer Vogeltränke. Ein schlichtes Design ist hier am besten; jedoch können Sie einige metallische oder Spiegelglas-*tesserae* einbeziehen, um das Funkeln des Lichts zu verstärken, das sich als visuelles Äquivalent zum Geräusch des sanft plätschernden Wassers bemerkbar macht.

Einen weiteren starken Aspekt an Vitalität und Lebensfreude werden die badenden und dort trinkenden Vögel einbringen.

Mosaik und Wasser

In vielen Kulturen hat Wasser eine symbolische oder philosophische Bedeutung. Über Generationen haben islamische Gartenarchitekten fließendes Wasser in die Gartengestaltung integriert – für sie bedeutete das nicht nur die Umsetzung einer Bauaufgabe, die Schönheit erzeugen und im heißen, trockenen Klima für Kühlung sorgen soll, sondern gleichzeitig die Assoziation von Reinigung und Reinheit.

Bei der gegebenen natürlichen Affinität von Mosaik und Wasser bieten Springbrunnen und andere Wasseranlagen dem Mosaizisten die Gelegenheit für einzigartige Kombinationen. Die Intensität der Mosaikfarben bildet ein wirkungsvolles Gegengewicht zum klaren, fließenden Charakter des Wassers. Für jede Umgebung lässt sich ein passendes Mosaik schaffen; Regen und das Wasser des Springbrunnens können ihm nichts anhaben. Durch das ständig wechselnde Spiel des Lichts im Freien bleibt das Interesse lebendig.

Oben rechts Die kreisförmig verlegten rechteckigen Mosaiksteinchen in Blau und Meergrün in der Brunnenanlage von Trevor Caley werden zum Mittelpunkt hin dunkler, während Goldplättchen für faszinierendes Glitzern sorgen.

Rechts Eleganter Spiegelglas-Springbrunnen von Rebecca Newnham.

Gegenüber An Prächtigkeit kommt Gold nichts gleich, weder für sich allein genommen noch als Element eines Schalendesigns. Mosaik von Elaine M. Goodwin.

Bei Wasseranlagen ist auf die Proportionen zu achten. In einem kleinen Hof finden sie Platz in einer Ecke, können in eine Mauer integriert oder in einen Behälter gesetzt werden.

Ein Mosaik aus Muscheln, Steinen oder Kieseln bildet für einen Pool oder einen Springbrunnen einen natürlich aussehenden Rahmen, der dort, wo das Wasser die Steine befeuchtet, dunkel schimmert. In einem formalen Garten können Sie den Boden oder den Rand eines Pools oder Teichs mit einem passenden Motiv säumen; in einem Stadtgarten sieht eine quadratische oder rechteckige Fläche mit geometrischem Dekor immer gut aus. In einen kühlen grünen oder weißen Garten passt ein Springbrunnen oder eine Vogeltränke mit *tesserae* in Blattsilber, Blattgold oder Blattkupfer. Für den Einsatz unter Wasser stehen spezielle Kleber zur Verfügung.

Mosaikskulpturen

Die menschliche Gestalt

In einem geglückten Mosaik werden, ausgehend vom einfachen Umriss dessen, was dargestellt werden soll, schwungvolle Formlinien erarbeitet. Eine plastische Figur kann wegen ihrer Dreidimensionalität besondere Bewegung zeigen und bietet dem Mosaizisten eine sehr effektvoll zu bearbeitende Oberfläche. Eine Mosaikskulptur hat ihren bevorzugten Platz im Freien, wo das ständig wechselnde Licht stets neue Eindrücke bietet.

Bei der Anfertigung eigener Modelle deutet das Grundgerüst die Umrisse des Objekts an; das nach und nach aufgebrachte Mosaik arbeitet die Figur dann in den Einzelheiten heraus. Das Mosaik ist hier wie eine Haut, die Augen, Ohren, Nase und Mund sowie die Gestalt der Glieder und des Torsos erstehen lässt.

Natürlich ist Mosaik keine elastische „Haut"; Linien und Konturen müssen daher ausladend genug sein, um mit

tesserae belegt werden zu können, und das Fundament muss die Mosaiklast tragen. Viele Künstler bedienen sich der direkten Methode, wenn sie plastische Figuren mit Glas-*tesserae*, zerbrochenen Haushaltsfliesen, zerschlagenen Geschirrteilen oder sonstigem ausgefallenen Material bedecken. Die Teilchen sind meist recht leicht und decken Krümmungen gut ab. Die entstandene Oberfläche zeigt einen robusten, texturalen Charakter.

Die Vielfalt der Stile

Mosaikfiguren in Lebensgröße machen Eindruck. Zu einer Gruppe zusammengestellt, haben sie eine starke Ausstrahlung und wirken sehr imposant. Auch Mosaik beim plastischen Porträt bietet eine gute Gelegenheit zu individuellem künstlerischen Ausdruck. Man muss es durchaus nicht beim realistischen Aussehen bewenden lassen. Mancher Künstler hat groß angelegte, fantastische Gestalten geschaffen, so Niki de Saint Phalle ihre Tarotfiguren aus Glas, Keramik und Spiegelglas. Nek Chand Saini schuf im nordindischen Chandigarh in den 1960er Jahren einen Rock Garden genannten Park, der voll von kleinen Mosaikfiguren und -tieren ist. Für die Grundstruktur verwendete er hauptsächlich Felsgestein, das er mit Recyclingmaterialien und städtischem Abfall bedeckte.

Oben und unten rechts Cleo Mussis Figurengruppe wurde sorgfältig aus rechteckigen Mosaikteilchen in diversen Gitter- und Fischgrätmustern zusammengesetzt. Für Köpfe und Gesichter wurde zerbrochenes Geschirr und für die Ohren wurden Henkel von Tassen oder Krügen verwendet.

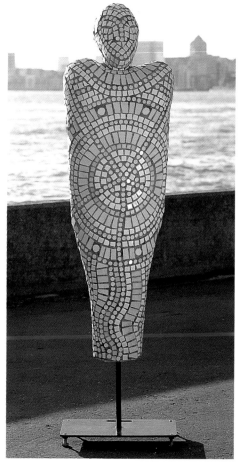

Oben Diese große Installation mit Spiegel-
glas-Mosaik von Celia Gregory wirkt wie aus
Metall; die dreidimensionale Oberfläche
fängt ständig Licht und Farben aus der
Umgebung ein.

Ganz oben Ägyptische Mumie oder Schneider-
puppe? Beide Konnotationen sind möglich bei
diesem Stück von Norma Vondee.

Oben Büste eines Mannequins von Celia Gregory.

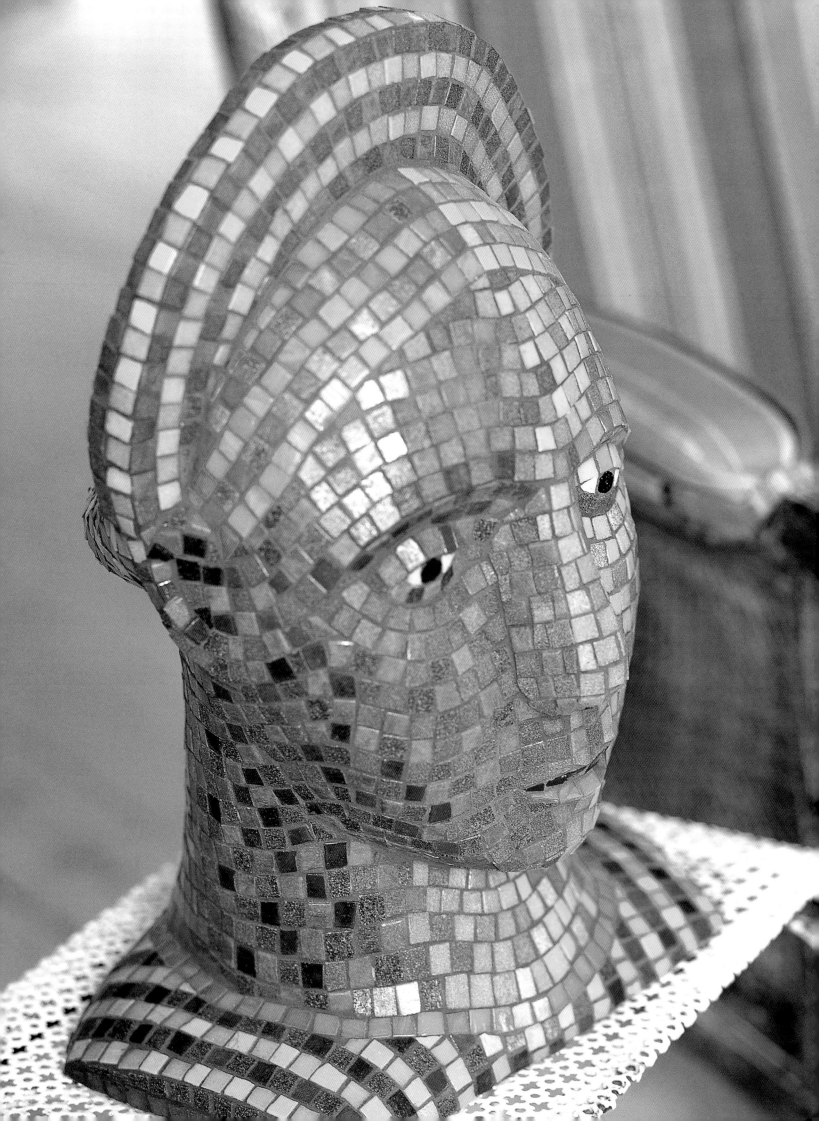

Kopfskulptur

Mit Hilfe von farbigem Mosaik entsteht zwischen den beiden Gesichtshälften dieses Kopfes ein eindeutiger Kontrast. Das intensive Dunkelblau und Grün auf der rechten Gesichtshälfte findet sein Gegengewicht im helleren Blau der Fliesen auf der linken sowie im leuchtenden Orange und Lindgrün der Augenbraue. Die besondere Intensität des Ausdrucks sowie ein bemerkenswerter ästhetischer Effekt werden durch die Farben und Verlegetechniken vermittelt.

Materialien und Werkzeug

- Gipsbüste
- feines Aluminiumnetz
- Draht
- Zementkleber (Fliesenkleber)
- kleine Kelle
- Industriemosaik
- Mosaikzange
- Gummihandschuhe
- schwarze Fugenmasse
- feinporiger Schwamm
- kleiner Schraubenzieher
- feines Schmirgelpapier
- Tuch

Links Beeindruckender Mosaikkopf aus Glassteinchen.

1 Als Ausgangspunkt für dieses Vorhaben dient eine originale Gipsbüste. Drücken Sie ein feines Aluminiumnetz auf die Kopfoberfläche und formen Sie alle Kopf- und Gesichtskonturen genau nach. Arbeiten Sie dabei in zwei Teilpartien – Vorderkopf und Hinterkopf – und verbinden Sie dann beide Hälften durch Zusammenbiegen des Drahtes.

2 Tragen Sie auf das Netz mit einer kleinen Kelle eine 12 mm dicke Schicht Zementkleber auf. Beginnen Sie zunächst mit einer dünnen Schicht, die Sie in das Netz hineinarbeiten, und lassen Sie sofort (das heißt, bevor diese getrocknet ist) eine dickere folgen.
(In diesem Stadium können Sie mit weiterem Zementauftrag die Konturen plastisch noch verfeinern.)

3 Bedecken Sie den Kopf mit Glasmosaik-Vierteln. Befestigen Sie diese mit einer dünnen Lage Zementkleber, den Sie mit einer Kelle in kleinen Partien auftragen. Als Ausgangspunkt beim Mosaizieren eignen sich gut die Augenbrauen, da durch deren gebogene Linien die wellenförmigen Stirnlinien vorgegeben werden.

▷

Kopfskulptur

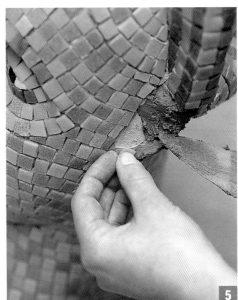

4 Sehr wichtig und möglichst früh in Angriff zu nehmen sind die Augen, da die Unterlider die Verlegelinien der Wangen vorgeben. Versuchen Sie, um den gleichmäßigen „Fluss" des Mosaiks aufrechtzuerhalten, möglichst ganze Steinchen zu verlegen. Vermeiden Sie am besten ganz kleine Teile, die unpräzise aussehen und schwierig zu befestigen sind.

5 Wo ein plötzlicher Wechsel in der Verlegeebene erfolgt, wie über den Augenbrauen, um den oberen Kronenrand oder an den Ohren, sollten die Stücke so befestigt werden, dass eine Schrägkante passend an der anderen liegt. Auf diese Weise bleiben die Fugen so eng wie möglich. Teilchen, die leicht über die Grundform der Büste hinausragen, sind ausreichend mit Klebstoff zu befestigen.

6 Die um den Nacken verlaufenden Mosaiklinien fügen sich nahtlos an die Wangenlinien an. Kleiner zugeschnittene Stücke kann man dort aufeinandertreffen lassen, wo die durch sie gebildete Linie wesentlich für die Form ist, wie um die Augenhöhle oder am Ohr. Wo aber die Form einen direkten Übergang verlangt, sollten die Linien aneinander anschließen.

7 Bedecken Sie Nacken und Gesicht in einer Farbabfolge aus drei Farbtönen, die ineinander übergehen. So werden harte Brüche vermieden. Legen Sie Haar, Krone und Kleid in zweifarbigen Streifen an; die regelmäßige Musterwiederkehr lässt eine unterschiedliche Textur im Vergleich zur „Haut"-Partie ahnen. Das gilt ebenso für die geometrischen, klaren Gewandmuster, verglichen mit der Asymmetrie im Gesicht.

8 Nachdem die Mosaikarbeit beendet und der Kleber getrocknet ist, ziehen Sie Handschuhe an und verfugen das Stück. Arbeiten Sie den Fugenmörtel mit den Fingern in die Fugen, Biegungen und ungünstig gelegenen Ecken. Schwarzer Mörtel verhilft den Farben zu besonderer Intensität.

9 Wischen Sie die Figur mit dem feinporigen, gut ausgedrückten Schwamm sauber, solange der Mörtel feucht ist. Spülen Sie ihn oft aus, denn ein unsauberer Schwamm verschmiert die Masse eher anstatt sie wegzunehmen. An kniffligen Stellen müssen Sie den Fugenmörtel eventuell mit einem kleinen Schraubenzieher wegkratzen. Schleifen Sie harte Kanten mit feinem Schmirgelpapier ab und polieren Sie das Stück, sobald es trocken ist, mit einem Tuch.

Tierskulpturen

Porträts von Vierbeinern und Vögeln brauchen nicht ausladende, imposante Konstruktionen zu sein. Oft wirkt ein dezenterer, an der natürlichen Größe ausgerichteter Maßstab besser. Die Dreidimensionalität und die typischen Wesensmerkmale bringen die nötige Lebendigkeit ein. Für eine plastische Darstellung ebenfalls sehr geeignet sind Fische, Eidechsen und andere Reptilien, da Mosaik den visuellen Eindruck von Schuppen und dicker Haut gut vermitteln kann.

Unten links Die aus Glassteinchen sowie Muscheln und Steinen vom Themseufer gestaltete Reiherfigur steht im Schatten der Tower Bridge.

Unten rechts In dieser schlanken Katze aus weißen Keramikfliesen von Cleo Mussi klingt ein Unterton ägyptischer Kunst nach.

Mosaikskulpturen von Vierbeinern und Vögeln schmücken Ihr Heim und jeden Garten. Vielen Menschen bereitet es besonderes Vergnügen, genau das Exemplar ausfindig zu machen, das zum Flair und Stil ihres Gartens passt.

Lebendiges Mosaik

Sie brauchen sich nicht mit einer realistischen Interpretation zu begnügen. Nehmen Sie das Beispiel einer Katze: Die Basisskulptur gibt den Umriss von Kopf, Körper, Pfoten und Schwanz vor. Das Mosaik fügt Einzelheiten hinzu und wandelt die bloße Form zu einem identifizierbaren Tier mit Nase, Augen und Ohren ab. Sorgsam ausgesuchte und zurechtgeschnittene Stücke folgen den Konturen des Tierkörpers, deuten durchgängig die Fellzeichnung an; kleinste Teilchen definieren Krallen und Schnurrhaare. Die Gesamtwirkung ist grafisch und ornamental.

Die Fotos auf dieser Seite zeigen, wie man das Wesen des Tieres vermitteln und zugleich seine Fantasie einbringen kann. Der Oktopus auf Seite 133 rechts unten ist realistisch in der Gestalt, wenn auch nicht in der Farbgebung. Das macht seinen besonderen Reiz aus.

Gartenskulpturen

Alles ist möglich: Mosaikeidechsen oder -geckos laufen an einer Gartenmauer hoch, farbige Schmetterlinge sitzen auf einem Metallgestell, Frösche und Fische schwimmen im Teich und Vögel trinken an einem Mosaikspringbrunnen. Eine Grotte aus Muscheln und Kieseln mit kleinem Pool aus Stein könnte Seepferdchen und Seesterne sowie einen Oktopus beherbergen. Passend für einen Kräutergarten und willkommen als Farbtupfer sind Schnecken und Marienkäfer.

Oben Dieser exquisit gestaltete Frosch von Martin Cheek springt nicht nur quicklebendig aus dem Teich, sondern hinterlässt sogar eine Spur in seinem Kielwasser. Er ist aus Glasmosaik gefertigt, und durch einige Aussparungen im hinteren Teil scheint das Licht.

Rechts Ein Reptil von Gaudí am Eingang zum Park Güell in Barcelona.

Ganz rechts Ein Oktopus in Mosaik von Takako Shimizu klammert sich an einen Felsen. Sein Körper ist mit Perlen geschmückt.

Abstrakte Formen

Wir haben im Zusammenhang mit plastischem Mosaik verschiedene gegenständliche Stile betrachtet. Einige Künstler haben die Möglichkeiten des Mediums durch Arbeiten mit abstrakten Formen erweitert. Was diese Stücke unabhängig von ihrer Größe so wirkungsvoll macht, ist die Kombination aus kraftvollen, einfachen Linien, sorgfältiger Materialwahl und dem kalkulierten Lichteinfall.

In Wohnräumen wie im Freien machen abstrakte Mosaikplastiken großen Eindruck. Der gegenüber abgebildete Silberstoßzahn fängt das Licht auf wundervolle Weise ein und könnte in vielen, zumal nicht so dicht bepflanzten Gärten zum visuellen Fokus werden. Für die Anfertigung eines soliden Unterbaus gibt es verschiedene Methoden; wichtig ist, dass eine glatte Fläche für das Mosaik gegeben ist.

Konstruktion

Die Grundstruktur und den Unterbau für die abstrakten Formen können Ziegelsteine, Ytongblöcke oder Hühnerdraht liefern; feinere Formen erfordern eventuell eine geschweißte Metallkonstruktion. Diese Mosaikträger werden mit in Weißleim getränktem Fiberglas oder Draht überzogen und dann mit Mosaikkleber bestrichen. Auch mit Zement und Gips lässt sich die Konstruktion überziehen, wenn man eine glatte Oberfläche haben will.

Oben Wasser sammelt sich in diesem augenförmigen Mosaik, das von Norma Vondee als Dekoration für einen Balkon entworfen wurde.

Rechts Die reinweiße Mosaikwasserlilie von Rebecca Newnham ist so entworfen, dass das einfallende Licht die gerundete Form hervortreten lässt.

Gegenüber Meisterhafte, aus Hunderten von rechteckigen Spiegelglasfliesen gebildete Hornplastik von Rebecca Newnham.

Kerzen-Wandleuchte

Dieser Kerzenhalter macht sich wunderschön an der Wand eines Bade- oder Schlafzimmers. Das das Kerzenlicht reflektierende Spiegelglas verleiht im Verein mit kleinen farbigen Fliesenstücken dem Objekt magische Ausstrahlung. Mosaik wirkt besonders gut auf dreidimensionalen Oberflächen.
Man kann das Design für eine Seifenschale abändern oder die Technik der plastischen Ausformung für größere Objekte nutzen.

Materialien und Werkzeug

- Bandmaß
- Sperrholz, 18 mm dick
- Bleistift, Lineal und Radiergummi
- Industriemosaik
- Schraubzwinge
- Stichsäge
- Schleifpapier
- Drahtschere oder Zange
- Hühnerdraht
- Hammer
- Krampen (in U-Form)
- dicke Gummihandschuhe
- Bilderhaken
- Gipsputz
- Schale oder Eimer zum Mischen

- Weißleim
- Schwamm
- Mosaikzange
- Stücke von Spiegel- und Buntglas, ausgewaschenes Glas, Schmucksteine
- Messer
- gebrauchsfertiger Fliesenkleber
- Handwerkermesser
- kleiner Schraubenzieher
- weiße Fugenmasse
- trockene Tücher
- altes Laken
- Bild-Hängevorrichtung
- Schraubenzieher
- kleine Schrauben

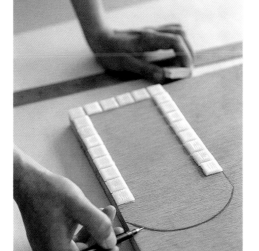

1 Messen Sie von der Ecke der Sperrholzplatte ein Rechteck ab, dessen Maße sechs aneinandergereihten ganzen Glasfliesen (13 cm) in der Breite und zehn Fliesen in der Länge (22 cm) entsprechen. Schließen Sie das Rechteck mit einem Halbkreis ab.

2 Spannen Sie das Holz in eine Werkbank und sägen Sie die Form aus. Schmirgeln Sie die Holzkanten leicht ab.

3 Schneiden Sie mit einer Drahtschere ein Stück Hühnerdraht von 20 x 50 cm zurecht. Befestigen Sie eine Schmalseite des Drahtes mittels der Krampen so am Halbkreis der Holzform, dass eine Wölbung entsteht.

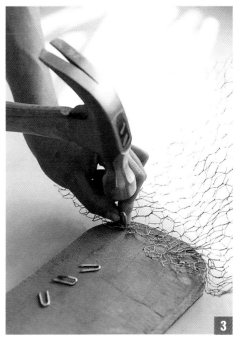

Links Diese Kerzen-Wandleuchte hält nur ein einzelnes Nachtlicht. Die schimmernden Fliesen wirken bezaubernd.

▷

Kerzen-Wandleuchte

4 Schneiden Sie überschüssigen Draht mittels einer Drahtschere oder Zange ab. Ziehen Sie feste Handschuhe an, schlagen den Draht um und drücken ihn so zusammen, dass sich die Grundform des Kerzenhalters ergibt.

5 Machen Sie etwas Gipsputz in einem Eimer zu einer weichen, aber festen Konsistenz an. Packen Sie diesen in den Hühnerdraht, bis das Gerüst gut gefüllt ist. Bilden Sie die Form heraus, indem Sie

mit kleinen Klumpen die noch unregelmäßige Rundung ergänzen. Tauchen Sie die Finger in Wasser und lassen Sie sie über die Oberfläche gleiten, bis diese sich glatt anfühlt. Lassen Sie den Gips 24 Stunden trocknen.

6 Mischen Sie Weißleim mit Wasser im Verhältnis 1 : 5. Tauchen Sie einen Schwamm in dieses Gemisch und versiegeln Sie die Gipsoberfläche mit einem dünnen Film.

7 Schneiden Sie die Teilchen – aus Industrieglas, Spiegel-, ausgewaschenem sowie Buntglas – mit der Fliesenzange in kleine Stücke. Tragen Sie mit einem Messer eine gleichmäßige Lage Fliesenkleber auf die Außenränder der Wandleuchte auf. Kleben Sie längere Streifen Industriemosaik (mit der Papierseite nach oben!) bis obenhin auf, wobei Sie die abschließenden Teile so zurechtschneiden, dass sie sich in die Wölbung des Halters einfügen.

8 Kleben Sie längere Streifen Industriemosaik mit der Papierseite nach oben auf die Seitenflächen der Wandleuchte und auch um die gewölbte Basis des Kerzenhalters. Bestreichen Sie die von den ganzen Stücken gerahmte Fläche mit Klebstoff (beginnend von der flachen Seite her) und verlegen Sie zunächst klein zugeschnittene weiße Stückchen. Setzen Sie im weiteren Verlauf nach hinten zu blassblaue Stückchen und solche aus ausgewaschenem grünem Glas ein. Arbeiten Sie auf dem gewölbten Halter mit satteren Grün- und Blautönen und auch mit Kostbarkeiten wie Buntglas und eventuell Halbedelstein. Fügen Sie hier und da Stückchen aus Spiegelglas zur Verstärkung der Lichtreflexion ein.

9 Wenn das Mosaik fertig ist, entfernen Sie das Papier von den weißen Fliesenreihen, nachdem Sie es mit einem Schwamm angefeuchtet haben. Reinigen Sie die Oberfläche und nehmen Sie allen überschüssigen Klebstoff zwischen den Fugen mit einem Handwerkermesser oder einem kleinen Schraubenzieher weg.

10 Mischen Sie weißen Fugenmörtel mit Wasser gemäß den Herstellervorschriften an. Ziehen Sie Handschuhe an und geben Sie den Mörtel mit den Fingern auf das Mosaik. Wischen Sie allen überschüssigen Mörtel mit einem feuchten Schwamm ab. Nach etwa zehn Minuten müssten sich die verbliebenen Rückstände mit einem trockenen Tuch abreiben lassen. Trocknen lassen.

11 Legen Sie die fertige Wandleuchte auf ein altes Laken. Markieren Sie zwei Löcher für die Hängung und klopfen diese vorsichtig mit Hammer und kleinem Schraubenzieher ein. Legen Sie die Bild-Hängevorrichtung darauf und drehen Sie die beiden kleinen Schrauben ein.

Rechts Diese Methode, kleine Skulpturen mit Hilfe von Draht zu fertigen, lässt sich bei vielen anderen Gegenständen anwenden.

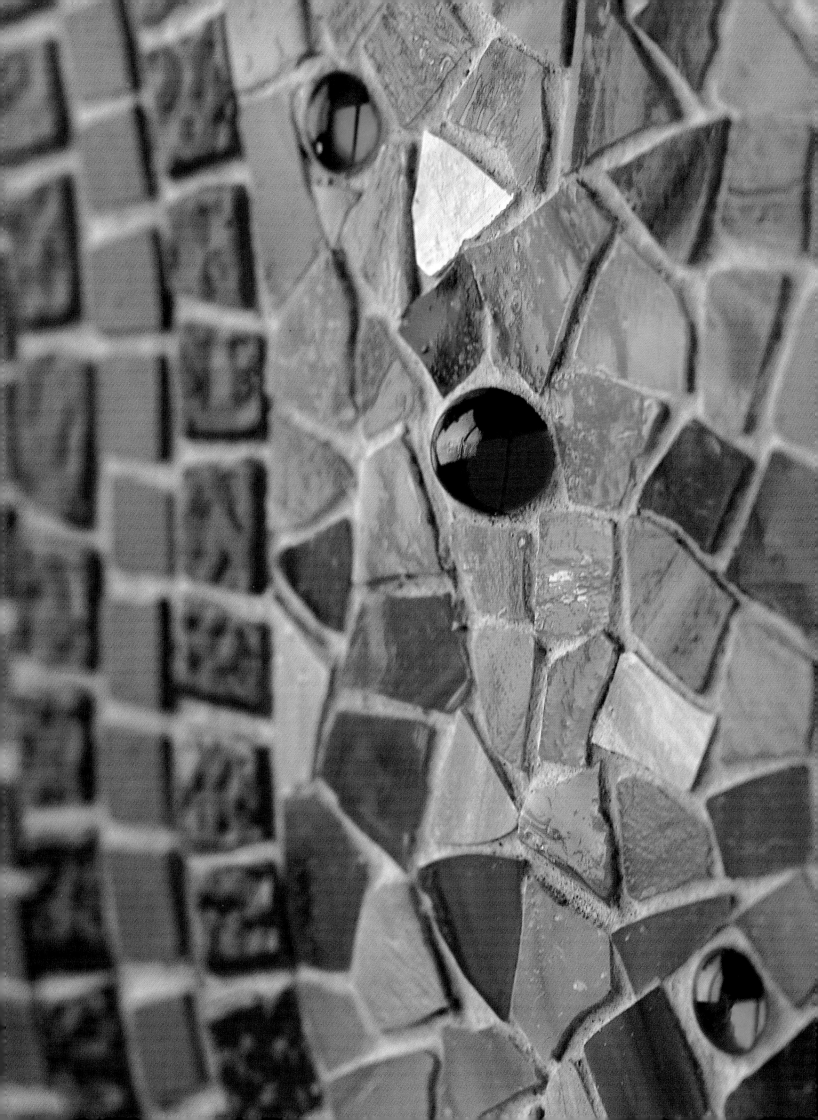

Mosaiktechniken

Projekte planen

Mosaik entwerfen macht Spaß; und wenn Sie beizeiten damit begonnen haben, Bildvorlagen in einem Album zu sammeln, verfügen Sie schon über einen reichen Fundus an Inspirationsquellen. Auch wenn Sie im Einzelfall schon Vorstellungen über Anordnung der Steinchen, Farben und Stil haben, gilt es bei der Planung Entscheidungen in praktischer und technischer Hinsicht zu treffen.

Unten links Zu den Zeichenutensilien gehören weiche Bleistifte, schwarze Markerstifte, ein Lineal, Radiergummi und Spezialgeräte wie Winkelmesser und Zeichendreieck.

Unten rechts Es ist immer nützlich, zunächst eine Zeichnung mit weichem Bleistift anzufertigen, dann die Linien mit schwarzem Markerstift zu verstärken und die Flächen in den Farben des vorgesehenen Mosaiks zu schraffieren.

Lassen Sie sich bei Ihren Entwürfen von Büchern, Magazinen, anderen Künstlern, der Natur oder was auch immer inspirieren. Bewahren Sie alle Bilder, die Ihre Aufmerksamkeit erregt haben, für eine eventuelle spätere Verwendung auf. Kleben Sie sie in ein Sammelalbum und notieren Sie sich, was Ihnen gefallen hat.

Zeichnungen

Die erste Zeichnung stellt nur eine Art Leitlinie für Ihr Mosaik dar. Zeichnen Sie einfach und klar mit kräftigen Linien. Falls Sie nicht zeichnen können, pausen Sie ein Bild durch oder schneiden Sie eine Fotokopie aus, vergrößern Sie sie auf ein geeignetes Format und zeich-

nen Sie drumherum. Vielleicht kommen Ihnen die Ideen auch erst auf dem Papier und Sie entscheiden über die Verwendung nach dem Ergebnis. Beim Auslegen der *tesserae* können sich Ihre Vorstellungen ebenfalls ändern, weil sie in Wechselwirkung mit den Materialien, den Farben und der Textur stehen.

Normalerweise brauchen nicht alle Design-Entscheidungen schon am Anfang getroffen zu werden. Kreativität ist eine Reise; gewähren Sie neuen Ideen Raum zur Entfaltung. Behalten Sie beim Nachdenken über Ihre Arbeit immer die Materialfarben, -texturen und -kontraste im Auge; überlegen Sie, wie viel Zeit Sie Ihrem Mosaik widmen wollen, weil die Entscheidung hierüber Einfluss auf die Komplexität der Darstellung haben kann.

Zu Beginn

Falls Ihre Planung an einen bestimmten Standort gebunden ist, fertigen Sie eine genaue Schablone aus Millimeter- oder Packpapier und/oder nehmen Sie Messungen vor, bervor Sie detailliert zu planen und zu arbeiten beginnen. Machen Sie sich unbedingt aussagekräftige Aufzeichnungen vor Ort.

Als Anfänger beginnt man am besten mit den Grundtechniken. Nehmen Sie sich als Probestücke etwas Bescheidenes vor wie einen Terrakotta-Topf für den Garten oder ein kleines Wandpaneel. Mit zunehmender Sicherheit können Sie ambitionierter vorgehen und Ihrer Kreativität freien Lauf lassen.

Oben Die hier gezeigten Industriemosaik-Steinchen eignen sich am besten für Arbeiten, die ihren Standort in Innenräumen haben sollen.

Links Nützlich bei der Auswahl von Farben und Steinchen sind Musterbretter. Fliesenlieferanten geben gerne Hilfestellung bei allen Fragen; wichtig ist es, dass Sie die Fliesen passend zu Ihrem Vorhaben aussuchen.

Fliesen auswählen

Das Erscheinungsbild des Mosaiks hängt ganz und gar von den verwendeten Materialien ab. Das Design kann sich sogar um den Einsatz einer ganz bestimmten Fliese drehen, deren einzigartige Materialqualität die Quelle der Inspiration darstellt. Zu entdecken, wie verschiedene Materialien allein oder miteinander wirken, ist ein spannender Aspekt der Mosaikarbeit.

Es gibt eine fantastische Auswahl an Fliesen aus der ganzen Welt in unterschiedlichen Farben, Glasuren und Texturen. Sie können Naturstein mit seinen gedämpften Farben verwenden oder aus dem üppigen Angebot von farbigem Glas wählen. Abgesehen von Ihren eigenen ästhetischen Vorlieben sind bei der Auswahl verschiedene Faktoren zu berücksichtigen, wie etwa die Kosten. Marmor, zum Beispiel, ist ein schönes und haltbares Material, aber sehr teuer; Keramik wäre eine weit billigere Alternative.

Fliesenqualität

Das Mosaik soll lange halten; nicht jede Fliese aber eignet sich für alle Situationen. Glassteinchen oder farbiges Glas würden bald Schaden leiden, wenn sie am Fußboden spitzen Absätzen ausgesetzt wären. Glasuren sind unterschiedlich hart: Material mit weicher Glasur kann nur in Innenräumen, solches mit härterer Glasur auf dem Fußboden und ein frostbeständiges Material im Freien eingesetzt werden. Auch der unter der Glasur liegende gebrannte Ton hat seine individuellen Eigenschaften – wie zum Beispiel Saugfähigkeit –, die darüber entscheiden können, ob die Fliese in ein Bad oder eine Dusche Einzug halten darf.

Die Wahl der richtigen Technik

Jedes Vorhaben ist anders, und keine Aufgabe wird auf genau die gleiche Weise in Angriff genommen. Sie entscheiden, welche Technik anzuwenden und welche Befestigungsmittel erforderlich sind. Hier sind einige Fragen, die Sie sich stellen sollten:

- Wo soll das fertige Stück hängen oder stehen?
- Wollen Sie nach der direkten Methode arbeiten, zum Beispiel auf einem Topf?
- Wollen Sie in der Netztechnik arbeiten, die sich für ein Fußboden-Paneel besonders gut eignet?

- Ist der Standort zugänglich, oder ist es leichter, das Mosaik abseits von diesem auszuführen?
- Wie haltbar muss das Mosaik sein?
- Muss das Mosaik Wasser abweisend, wasserdicht, wetter- oder frostbeständig sein?

Einen Arbeitsplatz einrichten

Ein kleiner Gegenstand wie ein Terrakotta-Topf lässt sich in einem Gäste-zimmer oder einer Küche dekorieren: Da Mosaikbruchstücke aber scharf und sowohl Zement wie Mörtel staubig sind, ist diese Umgebung alles andere als ideal. Es ist ratsam, sich einen besonderen Arbeitsbereich einzurichten, mit einer sauberen Fläche zum Zeichnen sowie einer weiteren mit Werkbank oder Tisch für die Ausführung des Mosaiks.

Der Arbeitsplatz stellt Ihre persönliche kreative Umwelt dar; sehen Sie also Wandflächen für fertige Mosaiken und Bilder vor, die Sie zu inspirieren vermögen. Schaffen Sie sich Regale für Bücher und Aktenordner, denn nur ein wohl eingerichteter Arbeitsplatz lässt den Ideen Raum zum Sprießen.

Körperhaltung

Am bequemsten lässt sich mit Mosaik an einer Staffelei oder am Tisch arbeiten. Wichtig ist eine Sitzgelegenheit in angemessener Höhe, damit eine gute Körperhaltung dauerhaft aufrechterhalten

werden kann und Schmerzen in Schultern und Rücken vermieden werden.

Große Mosaiken

An einem Mosaik, das zu groß für den Tisch oder die Staffelei ist, müssen Sie auf dem Fußboden arbeiten oder dort zumindest gewisse Vorbereitungen treffen. Da auf einer harten Fläche gearbeitet werden sollte, schaffen Sie sich eine solche in Form eines großen Holzbretts. Wenn Sie auf Netz oder Packpapier arbeiten wollen, zeichnen Sie Ihren Entwurf auf und prägen Sie sich das Gesamtbild ein. Sodann können Sie es in Teile schneiden und abschnittweise auf der Werkbank bearbeiten.

Falls Sie darauf angewiesen sind, das Werk beim Arbeitsfortgang immer vor Augen zu haben, arbeiten Sie auf dem Fußboden und schützen Sie die umliegenden Flächen mit Plastikfolie. Das kann den Rücken belasten; machen Sie deshalb regelmäßig Pausen, kombiniert mit Dehnübungen.

Ein aufgeräumter Arbeitsplatz

Nachdem einmal festgelegt ist, wo und wie Sie arbeiten und welches Vorhaben Sie in Angriff nehmen wollen, legen Sie alle erforderlichen Materialien und Werkzeuge bereit und machen Klebemittel in ausreichender Menge an.

Halten Sie die Arbeitsfläche sauber und fegen Sie lose Bruchstücke immer wieder weg. Zudem ist es sinnvoll, farbige Fliesen in einer gewissen Ordnung, getrennt nach Materialbeschaffenheit,

Rechts Gutes Licht sowie eine Arbeits-fläche und Sitz-gelegenheit in der für eine gute Körperhaltung richtigen Höhe sind wichtig für ein bequemes Arbeiten am Mosaik.

Farbe und Form in kleinen Häufchen bereit zu halten. Beim Arbeiten mit Klebemitteln muss überschüssiges Material beseitigt werden, solange es feucht ist; Zement härtet über Nacht aus und ist dann nur noch sehr schwer zu entfernen. Kehren Sie nach jeder Sitzung die Bruchstücke zusammen oder saugen Sie sie auf; sie geraten sonst überall hin und richten durch ihre Schärfe Unheil an. Am nächsten Tag freuen Sie sich zudem über einen sauberen Arbeitsplatz.

Links Größere Vorhaben kann man auf dem Fußboden oder auf einer Fläche planen, die das gesamte Design überblicken lässt.

Wasser

Sie benötigen einen Wasseranschluss. Kippen Sie Zement und Mörtel niemals ins Abflussrohr, da dies zu üblen Verstopfungen führt. Entfernen Sie vor dem Reinigen der Anmachschale soviel Zementreste wie möglich. Legen Sie eine Gaze über den Abfluss oder reinigen Sie die Abflussrohre regelmäßig.

Beleuchtung

Im Idealfall steht der Tisch in der Nähe einer natürlichen Lichtquelle. Tageslicht zeigt das tatsächliche Aussehen der Farben am besten. Bei eingeschränkten Lichtverhältnissen oder wenn Sie nachts arbeiten, empfiehlt es sich, mehrere Lichtquellen vorzusehen, um Schatten zu vermeiden.

Lagerung

Bauen Sie sich Regale und lagern Sie dort Ihre Fliesen in Glas- oder durchsichtigen Plastikbehältern, sodass Sie Ihre Vorräte und Farben immer im Blick haben. Klebstoffe und Mörtel werden fest, wenn sie mit Wasser in Berührung kommen; sie müssen daher trocken, vorzugsweise in abgedichteten Behältern aufbewahrt werden. Die meisten Chemikalien sind nur begrenzt lagerfähig und können an Wirksamkeit verlieren; prüfen Sie deshalb die Inhalte regelmäßig.

Sicherheit

Zu Ihrer eigenen Sicherheit können Sie einige weitere Maßnahmen ergreifen:

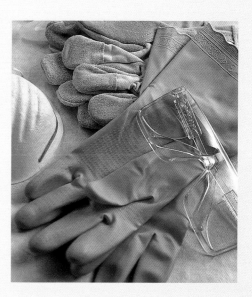

- Tragen Sie beim Schneiden von Materialien eine Schutzbrille, um keine Bruchstücke ins Auge zu bekommen. Halten Sie die Mosaikzange von Ihrem Gesicht weg.
- Tragen Sie beim Holzschneiden oder Anrühren von Pulvern eine Gesichtsmaske, damit kein Staub in die Lunge gelangt.
- Tragen Sie beim Schneiden von Draht strapazierfähige Handschuhe und solche aus Gummi oder Latex beim Anrühren von Pulvern, auch beim Verfugen, Reinigen oder plastischen Gestalten. Wenn die Hände zu lange mit Wasser und Klebstoffen in Berührung sind, trocknen Sie aus und entzünden sich. Auch bei der eigentlichen Mosaikarbeit empfiehlt es sich, dünne Latexhandschuhe zu tragen. Seien Sie vorsichtig und halten Sie Pflaster sowie eine entzündungshemmende Handcreme immer bereit!
- Fassen Sie, um Blasen an der Hand zu vermeiden, die Mosaikzange ganz am Ende des Griffs.
- Reinigen und saugen Sie immer wieder die Arbeitsfläche, damit sich kein unnötiger Staub bilden kann.
- Behalten Sie bei der Montage immer die eigene sowie die Sicherheit derer im Auge, die um Sie sind.

Materialien vorbereiten

Ein Mosaik ist ein Bild oder eine Darstellung, ausgeführt mit Bruchstücken von Fliesen oder unterschiedlichen anderen Materialien. Diese müssen daher, bevor sie sich zum Mosaik verarbeiten lassen, auf verschiedene Weise vorbereitet werden. Die meisten Materialien können mit einer Mosaikfliesenzange beschnitten werden. Für das Brechen von harten und dicken Materialien wie Marmor oder Smalten werden Hammer und Umschlageisen (mit Dorn) eingesetzt.

Ganz rechts In warmem Wasser lösen sich die Fliesen leicht von der Papierunterlage.

Bereiten Sie, bevor Sie mit der eigentlichen Mosaikarbeit beginnen, die Materialien vor, so wie ein Maler eine Farbpalette zusammenstellen würde. Das gibt Ihnen die Freiheit, sich auf das Auslegen zu konzentrieren.

Mosaik auf Bögen

Viele Mosaikfliesen werden auf Fiberglasnetz oder einer Art Packpapier angeboten. Die Fliesen messen etwa 2 cm im Quadrat, die Bögen ungefähr 30 cm im Quadrat; sie sind hilfreich beim Auslegen großer Flächen. Für kleinere Mosaiken, bei denen Sie mit *tesserae*-artigen Formen arbeiten, sollten Sie die Fliesen von der Unterlage lösen. Dazu müssen Sie die ganzen Netz- oder Packpapierbögen in warmem Wasser einweichen. Wenn der Leim sich aufgelöst hat, lassen sich die Fliesen leicht abstreifen.

Zerschlagene Keramikfliesen

Antoni Gaudí ist berühmt für die Verwendung von Mosaik an seinen märchenhaften Bauwerken in Barcelona. Sie sind sehr farbenfroh und bestehen vorwiegend aus in kleine Bruchstücke zerschlagenen Keramikfliesen. Diese gibt es in einer enormen Vielfalt von Farben, Tönen, Texturen und Glasuren; sie lassen sich in Innenräumen wie im Freien einsetzen, da sie zumeist frostbeständig sind. Das Arbeiten mit ihnen ist leicht und macht Spaß.

Fliesen zerkleinern

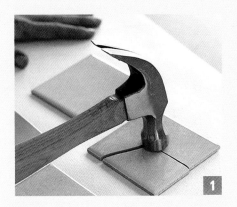

1 Ziehen Sie Schutzbrille und Handschuhe an und zerschlagen Sie die Fliesen mit einem kleinen Hammer, wobei Sie in die Mitte zielen. Um noch kleinere Stücke zu gewinnen, schlagen Sie sanft auf die Mitte des Bruchstücks.

2 Wenn Sie zu hart auftreffen, können überall Stücke herumfliegen. Decken Sie, um sich zu schützen, die Fliesen mit einem Tuch ab. Formen Sie die Stücke mit Hilfe der Mosaikzange ganz nach Ihren Erfordernissen.

Ganz links Glas und Spiegelglas können mit einem Glasschneider geschnitten werden. Ritzen Sie die Oberfläche leicht entlang einem Lineal ein und brechen Sie dann das Glas.

Links Mit Hilfe von Hammer und Umschlageisen (mit Dorn) werden dicke Materialien wie Marmor und Smalten in Stücke gebrochen.

Fliesenschneider und -säge

Der Hand-Fliesenschneider wird beim herkömmlichen Fliesenlegen eingesetzt und ist in Baumärkten erhältlich. Er schneidet gerade Linien – jedoch nur in Fliesen mit einer weichen Tonbasis. Harte Fußbodenfliesen oder Stein müssen mit einer Nass-Fliesensäge geschnitten werden. Es ist ein Spezialwerkzeug, das für einige Aufgaben aber unerlässlich ist wie das Zurechtschneiden schmaler Marmorstreifen.

Die Geräte kann man mieten. Die Säge schneidet das Material mittels einer wassergekühlten Metallscheibe. Trifft diese auf die Fliese, kann das Wasser nach außen spritzen. Tragen Sie deshalb Schutzkleidung.

Glasschneider

Er wird benötigt, um gerade Linien in farbiges Glas oder Spiegelglas beziehungsweise große Formen aus ihm heraus zu schneiden. Um das Schneiderädchen vor Schaden zu bewahren, sollte er nur mit Schneidöl zum Einsatz kommen. Kerben Sie die Oberfläche mit dem Schneider leicht ein und klopfen Sie dann sanft gegen die Unterseite. Das Material bricht entlang der Kerblinie. Tragen Sie beim Hantieren mit Glas eine Schutzbrille und Handschuhe, da gerade die kleinsten Splitter äußerst gefährlich sind. Für kleinere Schnitte und detaillierte Formen eignet sich die Fliesenzange.

Fliesen beschneiden

Für jeden Mosaizisten unerlässlich ist die Mosaikfliesenzange, mit der er viele Materialien, von Keramik bis zu ausgewaschenem Glas, schneiden kann.

Mit ein wenig Übung lassen sich komplizierte Formen schneiden. Halten Sie die Zange am Griffende, um eine möglichst große Hebelwirkung zu erzielen. Schieben Sie die abgerundete Seite des Zangenkopfs über die Fliese, wobei wenige Millimeter ausreichen. Um die Fliese zu halbieren, setzen Sie die Zange in deren Mitte an und achten Sie darauf, dass der Kopf in die Richtung zeigt, in die

der Schnitt erfolgen soll. Halten Sie die Fliese mit Daumen und Zeigefinger an der gegenüberliegenden Kante fest und drücken Sie die Griffenden zusammen.

Tragen Sie immer eine Schutzbrille, da die Fliesen anfangs überallhin zu fliegen scheinen. Wenn die Handmuskeln an Kraft gewinnen und der richtige Druck ausgeübt wird, können Sie die Schnitte kontrolliert ausführen und die Stückchen mit den Fingern in ihrer Lage festhalten. Weicht der Schnitt von der vorgesehenen Linie ab, „nagen" Sie überschüssiges Material von der Fliesenkante mit kleinen Zangenbewegungen ab.

Rechts, von oben nach unten Fliesenschneider, besonders gut beim Schneiden gerader Flächen; Fliesenmarkierer; Mosaikzange, das ideale Werkzeug, um Fliesen in die richtige Form zu schneiden; Cutter; Glasschneider für Bunt- und Spiegelglas.

Hammer und Umschlageisen (mit Dorn)

Dies sind die althergebrachten Werkzeuge für das Zerkleinern von Stein und Smalten; beide Materialien sind für moderne Fliesenzangen zu dick. Mit ein wenig Übung werden Ihnen genaue Teilungsstücke gelingen.

Oberflächen vorbereiten

Mosaiken lassen sich auf verschiedenartige Oberflächen aufbringen; sofern dabei fachgerecht vorgegangen wird, werden diese haltbar und wasserdicht sein. Herkömmliche Mosaiken wurden und werden immer in ein Zementbett gelegt. Heute können wir die unterschiedlichsten Oberflächen nutzen: Holz, Möbelflächen, Gips, Keramik, Terrakotta oder Fiberglas. Diese Vielfalt eröffnet heutigen Mosaizisten viele interessante Möglichkeiten.

Unterlage

Sofern Sie nicht eine plastische Figur im Sinn haben, sollten Sie im Interesse einer professionellen Mosaikqualität auf einer ebenen Fläche arbeiten. Schleifen Sie unebene Flächen ab oder tragen Sie, im Falle einer Arbeit auf Zement, eine neue Schicht auf.

Die Unterlage oder Fläche sollte starr sein. Dielenbretter zum Beispiel sind biegsam, was dazu führt, dass das Mosaik bei Bewegung angehoben wird. In diesem Fall muss eine weitere dünne Holzauflage passend zurechtgeschnitten und über der gesamten Fläche verschraubt werden, wodurch eine brauchbare Arbeitsfläche entsteht. Auf Holz lässt sich sehr gut mit Mosaik arbeiten; soll das Stück allerdings im Freien stehen oder mit Wasser in Berührung kommen, so muss eine entsprechende Holzqualität (kesseldruckimprägniert) verwendet werden.

Oberflächen grundieren

Die meisten Arbeitsflächen wie Holz, Beton, alte Möbel, Terrakotta-Urnen oder Gips sind porös und müssen deshalb versiegelt werden. Ein Versiegeln oder Grundieren der Oberfläche verbessert die Haftwirkung der Klebemittel ungemein und macht das fertige Mosaik strapazierfähig und wasserdicht. Vergewissern Sie sich vor dem Versiegeln, dass die Oberfläche frei von losen Partikeln und Haaren ist.

Glatte Oberflächen wie Holz oder feiner Gips sollten eingekerbt (siehe Abbildung links), noch glattere wie Plastik mit einer speziellen 2-Komponenten-Harz-Grundierung behandelt werden.

Um die Griffigkeit auf Oberflächen, die – wie etwa *tesserae* – nicht eingekerbt werden können, zu verbessern, machen Sie eine kleine Menge Kleber auf Zementbasis (in Pulverform) mit Wasser zu einer cremig-flüssigen Konsistenz an und streichen Sie einen dünnen Film auf die Oberfläche. Lassen Sie 24 Stunden trocknen.

Holz grundieren

1 Kerben Sie die Holzoberfläche mit einem Handwerkermesser ein. Hierdurch halten Fliesen und Klebstoff später besser zusammen.

2 Rühren Sie Weißleim mit Wasser im Verhältnis von 1 : 5 an und tragen Sie dieses Gemisch gleichmäßig mit einem engporigen Schwamm auf.

Fliesen befestigen

Wenn die Oberfläche richtig vorbereitet ist, lassen sich die Fliesen auf verschiedene Arten befestigen. Welche Technik zum Einatz kommt, hängt zum einen vom vorgesehenen Standort des Mosaiks, zum anderen von persönlichen Vorlieben ab. Verlegen in der direkten Methode bedeutet, dass das Material direkt auf die Arbeitsflächen aufgebracht wird. Mit der indirekten Methode arbeitet man zunächst auf Netz oder Papier abseits vom Standort und bringt das Mosaik später an.

Unten Zur Vorbereitung von Oberflächen und zum Auftragen von Zement benötigen Sie einige der unten abgebildeten Werkzeuge, wenn nicht alle. Von oben links im Uhrzeigersinn: Kehrbesen mit harten Borsten; Pinsel für den Leimauftrag; Zahnspachtel; Hammer; Meißel; Palettenmesser; Kehrschaufel und Besen; Fugengummi; Zement- und Klebstoffaufträger.

Früher wurden Mosaiken immer in ein Zementbett gelegt, und was von den alten Meisterwerken übrig geblieben ist, befindet sich immer noch in gutem Zustand. Dick, wie herkömmlicher Stein und Smalten sind, können sie direkt in Fliesenkleber gesetzt werden, wohingegen die oft viel dünneren, modernen Materialien zusätzlich verklebt werden müssen.

Klebstoffe auf Zementbasis

Es gibt ein großes Sortiment an Klebstoffen auf Zementbasis, die sowohl bei der direkten wie bei der indirekten Methode eingesetzt werden können. Sie liegen in verschiedenen Schattierungen vor, haupsächlich in Weiß und Grau. Für welche Farbe Sie sich entscheiden, hängt davon ab, in welcher Farbe Sie verfugen wollen. Soll dies in Grau, Schwarz oder dunklen Farben geschehen, so nehmen Sie Grau und für hellere Töne Weiß.

Mittelstarke Klebstoffe gibt es gebrauchsfertig in Tuben. Sie sind geeignet für rein dekorative Stücke oder wenn das Mosaik nicht besonders wasserabweisend zu sein braucht.

Am besten erkundigt man sich im Fachhandel, welches Material sich für das aktuelle Vorhaben eignet. Für jeden Bedarf findet sich eine Vielzahl von Produkten – von frostbeständigen Klebstoffen auf Zementbasis bis zu flüssigen Additiven, die das Mosaik gegen Bewegung sichern oder das Klebemittel geeignet für

den Einsatz in der Dusche oder Wanne machen.

Epoxidharz

Dies ist ein starker, aus zwei Komponenten – Härter und Harz – bestehender Klebstoff, der gut für Unterwassermontagen und bei feuchtem Milieu einzusetzen ist. Allerdings ist seine Verarbeitungszeit begrenzt; zudem ist er klebrig und giftig (Allergiegefahr), weshalb eine Atemschutzmaske getragen werden muss. Verwenden Sie Epoxidharz beim Arbeiten mit der direkten Methode.

Die direkte Methode

Mit ihr wird auf Holz oder plastischen Formen – mit zerschlagenen Keramikfliesen, ausgewaschenem Glas, Fliesen von unterschiedlicher Höhe – oder wenn große Flächen zu bedecken sind, gearbeitet. Auch in Zement arbeitet man am besten direkt, weil man sich so zusätzliche Montagezeit ersparen kann. Der Anfänger im Mosaizieren tut sich mit der direkten Methode in jedem Fall leichter. Für das direkte Kleben von Fliesen auf Holz eignet sich Weißleim; wenden Sie ihn unverdünnt oder, um ihn leichter auftragen zu können, mit einer kleinen Menge Wasser versetzt an. Weißleim ist ein Werkstoff auf Wasserbasis und daher nur bei dekorativen Stücken zu verwenden, die weder besonders strapaziert werden noch im Freien stehen sollen. Es werden auch schnell abbindende Klebstoffe angeboten, die in vier Stunden trocknen.

Arbeiten mit Klebstoff

Die Wahl der Technik

Bei der direkten Methode handelt es sich um eine traditionelle Technik, die jedoch in einigen Situationen nicht gerade praktisch ist. Der Klebstoff kann auf die Hand und von dort auf die Fliesen geraten, weshalb Sie Hände wie Fliesen regelmäßig reinigen sollten.

Die Anwendung dieser Methode kann auch unbequem sein, zum Beispiel wenn Sie Fliesen hinter einer Toilette anzubringen versuchen oder sich auf einer Leiter nach dem obersten Mauerrand strecken müssen.

1 Rühren Sie Fliesenkleber mit Wasser im Verhältnis 2,5 : 1 an, bis Sie eine glatte Konsistenz haben. Legen Sie sich die zu verarbeitenden Fliesen bereit. Tragen Sie das Klebemittel mit einem Messer oder Spachtel auf den Holzträger auf.

2 Legen Sie die Fliesenteilchen auf den Klebstoff und drücken Sie sie mit den Fingerspitzen fest. Achtung: Bei Verwendung von zu viel Klebstoff wird dieser aus den Fugen quellen. Verwenden Sie aber zu wenig, ist die Haftung in Frage gestellt.

Arbeiten mit Weißleim

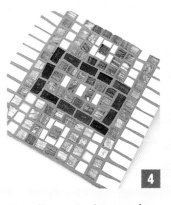

1 Schneiden Sie ein Stück Holz von 15 x 15 cm zurecht, das zunächst nicht versiegelt werden muss. Bereiten Sie eine Auswahl an halbierten und geviertelten Fliesen vor. Schieben Sie diese spielerisch hin und her. Um gut auszusehen, braucht ein Mosaik nicht kompliziert zu sein.

2 Sobald Sie mit der Anordnung der Fliesen zufrieden sind, tragen Sie auf deren Rückseite Weißleim mit einem kleinen Pinsel auf und kleben Sie sie auf den Träger. Der Leim trocknet nicht sofort, sodass die Fliesen zunächst noch bewegt werden können. Lassen Sie alles mehrere Stunden trocknen.

3 Nach dem Trocknen des Leims ist es Zeit zum Verfugen. Rühren Sie grauen Fugenmörtel mit Wasser im Verhälnis von 3,5 : 1 an und tragen Sie das Gemisch mit einem Fugengummi oder den Fingerspitzen auf. Wischen Sie die Oberfläche mit einem feuchten Schwamm ab. Polieren Sie die Fliesen, wenn alles trocken ist.

4 In diesem Design wurde mit einfachen Linien gearbeitet. Das Rechteck aus schwarzem Glas findet ein Gegengewicht in den kleineren Quadraten und weißen Linien und steht in Kontrast zu den matt-cremigen Keramik-Halbstücken. Luxuriös mutet der schimmernde Bronzeton der Steinchen in Pink an.

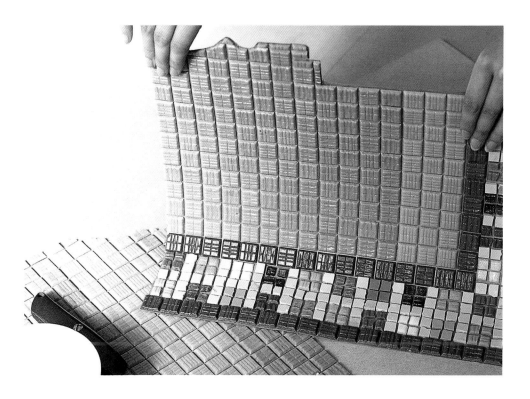

Die indirekte Methode

Zuletzt wird das Mosaik in Zement eingebettet. Es gibt aber Umstände, die das direkte Arbeiten unmöglich machen. Vielleicht ist der Standort des Mosaiks schlecht zu erreichen, etwa hinter einer Spüle oder an der Decke. Ein Mosaik im Freien oder im öffentlichen Raum läuft während seiner Entstehung immer Gefahr beschädigt zu werden. Vielleicht ist der Dekor auch kompliziert und das Werk erfordert monatelanges Arbeiten. In diesen Fällen ist es sinnvoll, die Mosaikarbeit bequem in der Werkstatt zu erledigen und das fertige Stück komplett in einem Rutsch zu montieren.

Die Packpapier-Methode

Die Beherrschung dieser Technik erweist sich als sehr nützlich. Sie wird angewandt, wenn eine besonders glatte Oberfläche erzielt werden soll. Die Fliesen werden hierbei mit der Vorderseite auf Packpapier gelegt. Diese Methode empfiehlt sich auch, wenn das fertige Mosaik direkt in Zement eingebettet werden muss, wie zum Beispiel in einem Schwimmbad.

Da Sie immer nur die Rückseite des entstehenden Mosaiks sehen, beschränkt sich der Einsatz dieser Methode auf *tesserae*, deren Farbe die ganze Fliese gleichmäßig überzieht. Die Schauseite klebt auf dem Papier; wenn Sie also die Farbe nicht sehen, können Sie auch das Design nicht erkennen.

Der Nutzen dieser Methode liegt darin, dass die fertigen Mosaikbögen, in kleine Stücke zurechtgeschnitten, leicht transportiert werden können. Die Anbringung der Teile allerdings ist zeitraubend und knifflig, da man das Packpapier mit Hilfe warmen Wassers ablösen muss, um das Mosaik freizulegen.

Die Netz-Methode

Feines Netzgewebe dient gleichfalls als perfekter Träger von Mosaik. Die Teilchen werden direkt mit Kleber auf dem Netz fixiert. Obwohl man so den Fortgang seines Designs gut sehen kann, handelt es sich um eine indirekte Methode. Große Teile können bequem zurechtgeschnitten und transportiert werden.

Oben Das unter Anwendung der indirekten Methode gefertigte Mosaik wird in leicht handhabbare Abschnitte zerteilt.

Unten links Dieses weiche Netz wird für feines Relief verwendet. Für größere Skulpturen ist Hühnerdraht besser geeignet. Große Skulpturen im Freien können aus Ziegelsteinen oder Leichtkalkbeton-Elementen vorgeformt und dann mit einer Zementschicht bedeckt werden.

Unten rechts Kleben Sie die Mosaikstücke direkt auf das Fiberglasnetz.

Das Verfugen

Das Verfugen „fügt" das Mosaik zu einer Einheit; Bilder und Farben „verbinden" sich optisch. Farbzusammenstellungen, die einem vor dem Verfugen zu grell und unruhig vorgekommen sind, wirken nun gedämpfter; Muster, die mit Bewegung arbeiten, erwachen zum Leben; dreidimensionalen Plastiken scheint eine Haut gewachsen zu sein. Erst mit dem Verfugen ist das Mosaikbild vollendet.

Auf der praktischen Ebene bedeutet Verfugen das Füllen der Lücken zwischen den Fliesen mit Fugenmasse, die über andere Eigenschaften als das Klebemittel verfügt. Dieser Arbeitsvorgang verdichtet das Mosaik und macht es wasserfest.

Fugenmörtel hat natürlich eine andere Farbe als Klebstoff. Er wird gebrauchsfertig oder als Pulver in unterschiedlichen Farben angeboten. Durch Zusetzen pulverisierter Färbungsmittel lässt sich fast jede gewünschte Farbe gewinnen. Die Mörtelfarbe hat einen wesentlichen Einfluss auf das Aussehen des fertigen Mosaiks. Einige Unterschiede lassen sich bereits in den vier Paneelen im Bild unten erkennen. Das Gitter aus dunkelgrauem „Mörtel" beherrscht die mattweißen Fliesen, und auch der weiße Mörtel wirkt sehr kräftig. Cremefarbener Mörtel und weiße Fliesen hingegen gehen ein ausgewogenes Verhältnis ein; der beige Mörtel macht die Fliesen heller. Weißer Mörtel „verschmilzt" mit blassen Fliesen, hellt dunkle Farben auf und kontrastiert mit Schwarz. Schwarzer Mörtel lässt Schwarz und Blau tiefer, Rot und Grün satter wirken und kontrastiert mit

Links Diese vier Musterplatten wurden in vier verschiedenen Farbtönen verfugt. Von oben links im Uhrzeigersinn: Beige, Grau, Cremefarben und Weiß.

Oben Ziehen Sie Handschuhe an und verfugen Sie Ihr Mosaik mit Hilfe eines Fugengummis. Reiben Sie den Fugenmörtel mit Ihren Fingerspitzen in alle Lücken.

Ganz oben Für das Verfugen und Reinigen Ihrer Mosaiken benötigen Sie eine Mischkelle, einen Mörtelspachtel, Reinigungstücher, einen Schwamm, eine Schale sowie Schutzfolien aus Plastik.

Weiß. Die Vielfalt ist unerschöpflich, der Spielraum für Ihre Kreativität groß.

Achtung! Verfugen ist Schmutzarbeit, zumal wenn Färbemittel zum Einsatz kommen. Schützen Sie deshalb Kleidung und Umgebung gut.

Wann verfugen?

Verfugen Sie Ihre Arbeit, sobald das Mosaik fertig und das Klebemittel getrocknet ist. Kleine Mosaiken sollte man vor dem Verfugen leicht schütteln, um losen Klebstoff zu entfernen und lockere Fliesenteile erkennen und neu befestigen zu können. Auf größeren

Mosaiken können Sie vorsichtig einen Staubsauger einsetzen. Verfugen Sie die Oberfläche eines großen Stücks nicht auf einmal; der Fugenmörtel könnte nämlich, wenn Sie ihn abwischen wollen, bereits getrocknet sein, zumal in einem zentral beheizten Badezimmer! Gehen Sie abschnittsweise vor. Den Mörtel sollte man 24 Stunden trocknen lassen.

Rechts Fugenmassen gibt es in unterschiedlichen Farben, die das fertige Mosaik jeweils anders aussehen lassen.

Verfugen und Reinigen

1 Bei der Arbeit am Mosaik kann Klebstoff durch die Abstände zwischen den Fliesen hervorquellen. Kratzen Sie diesen mit einer Klinge, einem kleinen Schraubenzieher oder einem Handwerkermesser ab. Vergewissern Sie sich, dass das Mosaik sauber ist und alle losen Partikel entfernt sind.

2 Mischen Sie in einer Schale Mörtelpulver mit sauberem Wasser nach den Herstellervorschriften an.

3 Ziehen Sie Gummihandschuhe an und geben Sie die Masse mit den Fingern oder mit Hilfe eines Fugengummis auf das Mosaik. Drücken Sie die Masse in die Zwischenräume und verteilen Sie sie gleichmäßig über die Oberfläche.

4 Wischen Sie alle überschüssige Fugenmasse mit einem feuchten Schwamm ab. Nach etwa 10 Minuten lässt sich diese leicht mit einem trockenen Tuch wegreiben. Wenn Sie zu lange warten, wird aus dem sanften Reiben eine langwierige und mühsame Arbeit mit Stahlwolle und Drahtbürste.

Der letzte Schliff

Was Sie an Zeit für sorgfältiges Verfugen aufwenden, können Sie beim Reinigen wieder einsparen. Theoretisch sollte lediglich ein dünner Mörtelfilm verbleiben. Zu sehen, wie die Farben oder das Design des Mosaiks „herauskommen", wenn der Film entfernt wird, ist sehr aufregend. Die Farben erwachen zum Leben, und man freut sich, dass sich die ganze Mühe wirklich gelohnt hat.

Unten links Diese farbenfrohe Platte wird durch den weißen Fugenmörtel aufgehellt; die in Gaudíscher Manier verlegten glasierten Fliesen haben die Anmutung munteren Fließens. Besprühen Sie das Mosaik zunächst mit Glasreiniger.

Unten rechts Polieren Sie mit einem trockenen Tuch. Die Farben gehen ineinander über, während die Glaskügelchen und das Spiegelglas schimmern.

Auf den verschiedenen Glasuren sitzt Fugenmasse unterschiedlich fest; von einer glänzenden Glasur fällt sie leicht ab, haftet aber auf matter Keramik. Bauarbeiter benutzen beim Auftreten dieses Problems einen Säurereiniger, der dazu dient, das Mauerwerk von Zement zu reinigen. Verdünnt mit warmem Wasser eignet er sich sehr gut zum Entfernen elastischen Mörtels. Tragen Sie die Flüssigkeit mit einem Schwamm auf das Mosaik auf. Mit lautem Zischen zerfrisst sie den auf den Fliesen verbliebenen Mörtel. Wischen Sie das schmutzige Wasser nach einigen Minuten ab. Hartnäckige Reste können mit Stahlwolle entfernt oder mit einer Stahl-

klinge abgekratzt werden. Polieren Sie mit einem trockenen, sauberen Tuch nach.

Das Versiegeln

Stein und Kiesel wirken farblich satter, wenn sie versiegelt sind. Sie erscheinen dann wie leicht nass und bewahren den zarten Farbton, ohne dass sie lackiert oder poliert würden. Versiegeln kann man matt oder glänzend. Bienenwachs verhilft matten Fliesen zu einer dunkleren Farbe. Terrakotta-Fliesen müssen mit Leinöl behandelt werden. Doch Vorsicht!: Dieses ist leicht entzündlich; feuchten Sie daher alle Tücher an, mit denen das Öl in Berührung kommt und entsorgen Sie sie fern von jeder Wärmequelle.

Die Pflege

Die beste Art, ein Mosaik zu erhalten, besteht darin, es regelmäßig zu reinigen. Einen Fußboden sollte man kehren und mit einem milden Reinigungsmittel wischen, wobei alles schmutzige Wasser entfernt werden muss. Dekorative Mosaiken werden entstaubt und mit Glasreiniger und einem trockenen Tuch gesäubert. Badezimmer-Mosaiken werden wie alle anderen Fliesen behandelt. Sollte sich jedoch tatsächlich einmal gröberer Schmutz angesammelt haben, so benutzen Sie den Säurereiniger. Scheuern Sie das Mosaik mit einer Bürste oder mit Stahlwolle gut ab. Säure ist ein starkes Reinigungsmittel und

kann losen Fugenmörtel durchaus zerfressen, weshalb ein Neuverfugen notwendig werden könnte. Wenn Sie aber technisch korrekt vorgehen, hält Ihr Mosaik für Ewigkeiten.

Das Aufhängen eines Mosaiks

Ein kleines Mosaik kann wie ein Bild mittels Draht und Bilderhaken aufgehängt werden. Die Hängung eines größeren, schwereren Mosaiks jedoch erfordert einige Überlegung. Die vorgesehene Wand muss die Last tragen können. Gipskarton vermag dies nicht. In Ziegel oder Gips müssen Löcher gebohrt werden. Markieren Sie an der Wand mit Bleistift die Position für die Befestigung und bohren Sie die Löcher für die Dübel, wobei Sie einen Bohreinsatz wählen, der zu der Schraubenstärke passt. Stecken Sie Dübel in die Bohrlöcher und achten Sie darauf, dass die Schrauben in diese Dübel eingreifen. Wenn Sie nicht ganz sicher sind, lassen Sie sich beraten, bevor Sie Ihr Kunstwerk zertrümmert auf dem Fußboden wiederfinden.

Die Positionierung

Wo Ihr Mosaik seinen Standort zu finden habe, unterliegt keinen strengen und festen Regeln, sondern ist Ansichtssache. Bitten Sie einen Freund oder ein Familienmitglied, das Mosaik an eine Stelle zu halten, damit Sie sich ein Urteil bilden können. Wenn Sie unsicher sind, tauschen Sie die Rollen und fragen Sie Ihren Helfer nach seiner Meinung.

Abgesehen von der Positionierung des Mosaiks ist auch der Farbe der umgebenden Wände Beachtung zu schenken. Die Farbtöne dürfen sich nicht beißen, und die Wandfarbe sollte das Mosaik nicht in der Wirkung „herabsetzen".

Die Beleuchtung

Mosaiken wirken fast immer am besten bei natürlichem Licht mit seinen sanften Tönen. Doch was ist bei Dunkelheit zu tun? Beleuchten Sie Ihr Mosaik mit einem Strahler von der Decke oder einer herkömmlichen Bildleuchte von oben.

Passen Sie aber auf, dass die Farben und zarten Reflexe des Mosaiks nicht zu stark ausgeleuchtet werden. Probieren Sie verschiedene Lichtfarben und -stärken aus und lassen Sie die Lichtquelle aus unterschiedlichen Winkeln und Abständen einstrahlen.

Oben Diese Wandtafeln wurden so gestaltet, dass sie wie antike Stücke wirken. Das Material der „Badenden" ist Marmor, dessen zarter, gedämpfter Ton gut zu dieser Umgebung passt.

Links Einige der Werkzeuge, die Sie bei der Anbringung Ihres Mosaiks brauchen könnten. Von oben rechts im Uhrzeigersinn: eine Säge, ein Hammer, Schleifpapier, Stahlwolle, Krampen, Zange, Schraubenzieher, Bilderdraht, Bilderhaken, Hängehaken, Schrauben, Ringschrauben, Wanddübel sowie ein Radiergummi.

Bezugsadressen

mit Angaben zur Materialbeschaffung, zu Kursen und für allgemeinen Rat und Hilfe

INDUSTRIEVERBAND KER. FLIESEN
+ PLATTEN,
Friedrich-Ebert-Anlage 38,
60325 Frankfurt, T. 069-756082-0

Studien- und Experimentier-
werkstatt
Glasmalerei, Licht und Mosaik,
Akademie der bildenden Künste,
München; e-mail:
Thierry.Boissel@adbk.mhn.de

Mosaik:
Hersteller allgemein

Art Murales GmbH,
Trierer Straße 668, 52078 Aachen,
T. 0241-928980

Derix, Hein, KG,
Geldener Str. 29-33,
47623 Kevelaer,
T. 02832-2362, Fax 3977

Benno Fäustle,
Irgentalweg 32, 66119
Saarbrücken,
T. 0681-8815819/Fax 18,
(www.stenen-uit-hurwenen.nl ;
e-mail: info@mozaiken.nl)

Fliesen-Fieber,
Uslarer Str. 33, 37194 Bodenfelde,
T. 05572-921223,
Fax 05572-921224,
e-mail: fliesenfieber@t-online.de

Fliesen Roth KG, Platten, Fliesen-,
Mosaikarbeiten,
Trochtelfinger Str. 14,
70567 Stuttgart,
T. 0711-723994

Frank, Karl (Siegfried Karl Frank),
Mosaik - Marmor,
Bergstr. 72, 70186 Stuttgart,
T. 0711-466647

Franz Mayer'sche Hofkunstanstalt,
Seidlstraße 25, 80335 München,
T. 089-595484, Fax 593446

Gustav van Treeck,
Schwindstr. 3, 80799 München,
T. 089-5234085, Fax 527229

Heinrich, Hans-Werner,
Tinsdaler Heideweg 68d,
22559 Hamburg,
T. 040-818182

Italdekor,
Neufahrner Str. 1,
85375 Neufahrn,
T. 08165-95370

Janicher, Werner,
Steinerne Furt 37, 86167 Augsburg,
T. 0821-701078

Koch Feinkeramik,
Hoeppnerstr. 53, 12101 Berlin,
T. 030-7863886

Norddeutsche Steingutfabrik AG,
Steingutstraße 2, 28759 Bremen,
Tel. 0421-6262-0, Fax 6262-238
Raumgestaltung Jessen GmbH,
Graboer Straße 33, 06917 Jessen,
T. und Fax 03537-212223

Repschläger GmbH,
Dorfstr. 27, 25474 Bönningstedt,
T. 040-5566389
Rose, Uwe u. Soltwedel, K.,
Ulmenhang 1, 21033 Hamburg,
T. 040-7219559

STEGA Ges. f. Mosaik- u. Fliesen-
arbeiten,
Berlepschstr. 28, 14165 Berlin,
T. 030-8011081

Materialbedarf, Mosaik-
Bausätze, Mosaik-
Kursveranstaltungen

Mosaik-Werkstatt Bruno Rodi,
Markgrafenstraße 16,
78467 Konstanz,
T. 07531-68175, Fax 07531-694593
www.mosaik-handwerk.de

Glas – Hobby – Kunsthandwerk
C. Eppel,
Alleestraße 132, 42853 Remscheid,
T. 02191-293592

Hobbybiene, Versandhandel
Hobby und Basteln,
Tobelwasenweg 10,
73235 Weilheim/Teck,
T. 07023-9503-14,
Fax 07023-9503-19,
Internet:
http://www.hobbybiene.de

Günter Nußbaumer (Materialien),
Kiefernstr. 81, 82178 Puchheim,
T. 089-803440, Fax 89020366

Frankreich

Mosaik
Atelier
17, rue Foucault, 92110 Clichy
Tel: 47 30 98 10, Fax: 47 30 90 30

Italien

Angelo Orsoni
Cannaregio 1045, 30121 Venezia
Tel: (39) 41 244 0002

Mario Dona e Figli Snc
Via Marchetti Giuseppe 6
33097 Spilimbergo (PN)
Friuli

Mosaikkünstler

Emma Biggs
Mosaic Workshop
Unit B, 443–449 Holloway Road
London N7 6LJ
Tel: 020 7263 2997

Trevor Caley
Sunnyside Cottage
Woodgreen, Fordingbridge
Hampshire SP6 2AU

Stephen Charnock
Tatlock Farm
Asmall Lane, Ormskirk
Lancashire L39 8RA
Tel: 01695 573636

Martin Cheek Mosaics
Flint House, 21 Harbour Street
Broadstairs, Kent CT10 1ET
Tel: 01843 861958
www.martincheek.com
e-mail:martin@martincheek.com

Celia Gregory and Martin Cohen
Enterprise House,
Tudor Grove
London E9 7QL
Tel: 020 8510 9300/
07939 127632

Elizabeth De'Ath
4 Benson Quay
London E1 9TR
Tel: 020 7481 0389

Elaine M. Goodwin
4 Devonshire Place
Exeter EX4 6JA

Robert Grace
The Gallery of Mosaic Art and
Design
Suite 324,
Business Design Centre
52 Upper Street
London N1 0QH
Tel: 020 7288 6050
www.mosaicartanddesign.com

Scott Harrower
38 Cecil Road
Bardon, QLD, 4065
Australia
shmosaic@bigpond.com
Tel: (07) 3368 1671

Maggy Howarth
Cobblestone Designs
Hilltop, Wennington
Lancaster LA2 8NY
Tel: 01524 274264

Tessa Hunkin
Mosaic Workshop
Unit B, 443–449 Holloway Road
London N7 6LJ
Tel: 020 7263 2997

Mosaik
10 Kensington Square
London W8 5EP
Tel: 020 7795 6253

Cleo Mussi
Uplands Cottage
99 Slad Road
Stroud
Gloucestershire GL5 1QZ

Rebecca Newnham
Palmerston
Kingston, Ringwood
Hampshire BH24 3BG

Paris Ceramics
583 Kings Road
London SW6 2EH
Tel: 020 7371 7778
www.parisceramics.com

Stephen Smith
Mozaiek Art
142 St. Peters Road
South Ham, Basingstoke
Hants RG22 6TH
Tel: 01256 844799
www.mozaiekart.co.uk

Claire Stewart
The Glass Elevator
79 London Road
Markyate, St. Albans
Hertfordshire AL3 8JP
Tel: 01582 840901
www.theglasselevator.co.uk

Steven Vella
PO Box 734
Darlinghurst, NSW, 2010
Australia
Tel: (02) 9557 9307

Norma Vondee
8 Benson Quay
London E1 9TR
Tel: 020 7481 4563

Sheryl Wilson
Reptile
Unit P21, Bow Wharf
Grove Road
London E3
Tel: 07976 522013

Register

Danksagung

Verlag und Autoren danken im
Besonderen Christopher Skinner,
Martin Cohen und allen Mosaik-
künstlern, die mit Arbeiten zu
diesem Buch beigetragen haben.

Emma Biggs
Mosaic Workshop
Unit B, 443–449 Holloway Road
London N7 6LJ.
(S. 78–79).

Celia Gregory
Cohen Gregory
2nd Floor, Enterprise House
Tudor Grove, London E9 7QL.
(S. 102–105, 94–97, 136–139)

Tessa Hunkin
Mosaic Workshop
Unit B, 443–449 Holloway Road
London N7 6LJ.
(S. 128–131).

Tabby Riley
15 Dumont Road
London N16 0NR.
(S. 112–115).

Norma Vondee
8 Benson Quay
Whapping
London E1 9TR
(S. 84–87), 118-119);

Besten Dank auch an die Besitzer
der Werke, dass wir diese foto-
grafieren konnen:

Amanda und Gareth; Anna
Tabata Cominetti (ACT); Ann
Hughes bei Mosaik; Bishop
Challoner School; Christopher
Skinner; Claire Stewart; Cleo
Mussi; Elizabeth De'Ath; Elaine
M.Goodwin; Fired Earth; Flower
Store; Robert Grace: Director von
Gallery of Mosaic Art and Design,
Suite 324, Business Design Centre,
52 Upper Street, London N1 0QH;
Jane Muir; Jenni Pretor–Pinney:
Yoga Place, Bethnal Green,
London; John Freeman; Lauren
Lorenzo; Marion Lynch: Interior
Designer; Martin Cheek; Martin
Cohen; Mrs Lewis; Norma Vondee;
Paris Ceramics; Peter Bibby;
Rebecca Newnham; Rollo
Armstrong; Rosalind Wates;
Salvatore Raeli; Stephen
Charnock; Stephen Smith:
Mozaiek Art; Takako Shimizu;
Tony Bruce; Trevor Caley.

Adrian Taylor S. 106 ul.
AKG Photo London S. 12.
Ancient Art and Architecture
Collection Ltd S. 10 ure.
Bridgeman Art Library S. 15 ul,
    17 ure.
British Museum S. 15 ol © The
    British Museum.
Caroline Arber S. 107ore.
Celia Gregory S. 70 u, 82 ul,
100 ore
Corbis Images
    S. 11© Morton Beebe, S.F
    13 © Mimmo Jodice
    14 u © Hanan Isachar
    16 © Charles & Josette Lenars,
    18 ul © Massimo Listri,
    35 o © Jonathon Blair,

67 o © Stephanie Colasanti,
69t © Art on File,
82 ure © Audrey Gibson,
133 ul © Charles & Josette
Lenars.
Debi Treloar S. 38 re, 55 ol, 93 ure,
    107 ure, 108 ul, 109 ore
Edifice S. 40 ul, 41 ure, 55 o.
Elizabeth Whiting Associates
    S. 63 ore, 76 ure, 80.
Fired Earth S. 46 ul, 75, 92 ure.
Garden Picture Library
    S. 70 o © Liz Macmurdie.
    88 ul, ure © John Glover.
Jane Muir S. 37 o.
Jonathan Buckley S. 42 ul.
Jo Whitworth S. 88 u. Mitte, 89.
Maggy Howarth S. 35 ure.
Mainstream S. 73 © Ray Main,
    p.93t © Ray Main/Jonas/W5.
Martin Cheek S. 33l, 37 ure,
    133 o. Paris Ceramics S. 62, 90.
Peter Andersen S. 83, Chelsea
    Flower Show 2001, A Garden
    for Learning designed by
    Woodford West; S. 88 ure,
    Chelsea Flower Show 2001,
    Gartendesign Bunny
Guinness.
Rosalind Wates S. 41 ore.
Sarah Cuttle S. 26, 42 ure, 49 ore,
    134 ul.
Spike Powell S. 29 ure, 69 ure,
    92 ul, 101 ol.
Stephen Smith S. 33 ore, 41l.
Tim Imrie S. 68 ure, 107 ol, 116 ul,
    121 ol.
Trip S. 10 l, 14 o, 67 u © H. Rogers.
    17 ol © C. Gibson.
    66 © J. Isachsen.

Links   Ein kunstvolles
Theatermasken–Mosaik von
Salvatore Raeli.